Organización del entorno de trabajo en transporte sanitario

José Carlos Colmenero Moral

ic editorial

Organización del entorno de trabajo en transporte sanitario
© José Carlos Colmenero Moral

1ª Edición

Editado por: IC Editorial
c/ Cueva de Viera, 2, Local 3
Centro Negocios CADI
29200 Antequera (Málaga)
Teléfono: 952 70 60 04
Fax: 952 84 55 03
Correo electrónico: iceditorial@iceditorial.com
Internet: www.iceditorial.com

ISBN: 978-84-1184-916-6
Depósito Legal: MA 1010-2025

Impresión: PODiPrint
Impreso en Andalucía – España

Nota de la editorial: IC Editorial pertenece a Innovación y Cualificación S. L.

Presentación del manual

El **Certificado de Profesionalidad** es el instrumento de acreditación, en el ámbito de la Administración laboral, de las cualificaciones profesionales del Catálogo Nacional de Cualificaciones Profesionales adquiridas a través de procesos formativos o del proceso de reconocimiento de la experiencia laboral y de vías no formales de formación.

El elemento mínimo acreditable es la **Unidad de Competencia.** La suma de las acreditaciones de las unidades de competencia conforma la acreditación de la competencia general.

Una **Unidad de Competencia** se define como una agrupación de tareas productivas específica que realiza el profesional. Las diferentes unidades de competencia de un certificado de profesionalidad conforman la **Competencia General,** definiendo el conjunto de conocimientos y capacidades que permiten el ejercicio de una actividad profesional determinada.

Cada **Unidad de Competencia** lleva asociado un **Módulo Formativo,** donde se describe la formación necesaria para adquirir esa **Unidad de Competencia,** pudiendo dividirse en **Unidades Formativas.**

El presente manual desarrolla la Unidad Formativa **UF0679: Organización del entorno de trabajo en transporte sanitario,**

perteneciente al Módulo Formativo **MF0069_1: Operaciones de mantenimiento preventivo del vehículo y control de su dotación material,**

asociado a la unidad de competencia **UC0069_1: Mantener preventivamente el vehículo sanitario y controlar la dotación material del mismo,**

del Certificado de Profesionalidad **Transporte sanitario.**

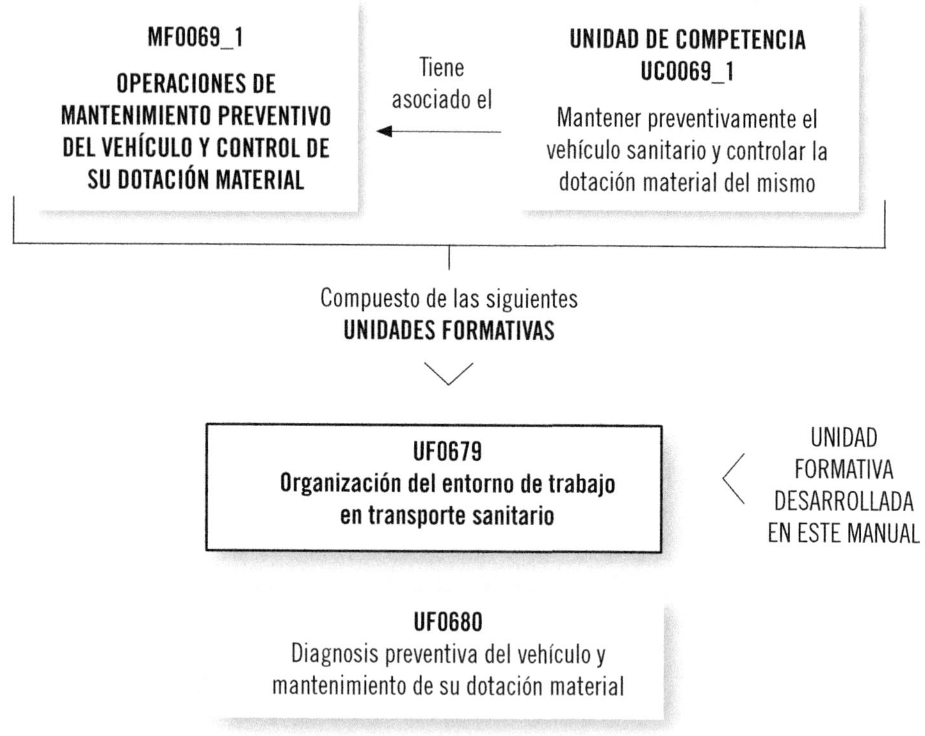

FICHA DE CERTIFICADO DE PROFESIONALIDAD

(SANT0208) TRANSPORTE SANITARIO (R. D. 710/2011, de 20 de mayo)

COMPETENCIA GENERAL: Mantener preventivamente el vehículo y controlar la dotación material del mismo, realizando atención básica sanitaria en el entorno prehospitalario, trasladando al paciente al centro sanitario útil.

Cualificación profesional de referencia	Unidades de competencia		Ocupaciones o puestos de trabajo relacionados:
SAN025_2:TRANSPORTE SANITARIO (R. D. 295/2004, de 20 de febrero)	UC0069_1	Mantener preventivamente el vehículo sanitario y controlar la dotación material del mismo.	• 8412.1017: Conductores de ambulancias • Transporte sanitario programado y Transporte sanitario urgente, con equipos de soporte vital básico y equipos de soporte vital avanzado.
	UC0070_2	Prestar al paciente soporte vital básico y apoyo al soporte vital avanzado.	
	UC0071_2	Trasladar al paciente al centro sanitario útil.	
	UC0072_2	Aplicar técnicas de apoyo psicológico y social en situaciones de crisis.	

Correspondencia con el Catálogo Modular de Formación Profesional

Módulos certificado	Unidades formativas	Horas
MF0069_1: Operaciones de mantenimiento preventivo del vehículo y control de su dotación material.	UF0679: Organización del entorno de trabajo en transporte sanitario.	40
	UF0680: Diagnosis preventiva del vehículo y mantenimiento de su dotación material.	60
MF0070_2: Técnicas de soporte vital básico y de apoyo al soporte vital avanzado.	UF0681: Valoración inicial del paciente en urgencias o emergencias sanitarias.	50
	UF0677: Soporte vital básico.	60
	UF0678: Apoyo al soporte vital avanzado.	50
MF0071_2: Técnicas de inmovilización, movilización y traslado del paciente.	UF0682: Aseguramiento del entorno de trabajo para el equipo asistencial y el paciente.	40
	UF0683: Traslado del paciente al centro sanitario.	60
MF0072_2: Técnicas de apoyo psicológico y social en situaciones de crisis.		40
MP0140: Prácticas profesionales no laborales.		160

Índice

Capítulo 1
Organización sanitaria

1. Introducción 7
2. Estructura del Sistema Nacional de Salud 7
3. Niveles de asistencia y tipos de prestaciones 12
4. Salud pública 17
5. Salud comunitaria 19
6. Evolución histórica de la medicina 22
7. Evolución histórica de los sistemas de emergencias médicas 24
8. Evolución histórica del transporte sanitario, haciendo referencia a los demás tipos de transporte (aéreo y acuático), indicando las características diferenciales básicas 26
9. Resumen 28
   Ejercicios de repaso y autoevaluación 31

Capítulo 2
Documentación sanitaria y de gestión

1. Introducción 37
2. Documentos clínicos. Tramitación 37
3. Documentos no clínicos 66
4. Autorizaciones y permisos 71
5. Resumen 78
   Ejercicios de repaso y autoevaluación 79

Capítulo 3
Características del transporte sanitario y dotación material

1. Introducción 83
2. Tipos de transporte sanitario 83
3. Características diferenciales del transporte sanitario terrestre 91
4. Dotación material de la unidad de transporte sanitario según el nivel asistencial 102
5. Puesta a punto y verificación del material y equipos 118

6. Control de existencias de la dotación material del vehículo de transporte sanitario 122
7. Resumen 125
Ejercicios de repaso y autoevaluación 127

Capítulo 4
Gestión de existencias e inventario

1. Introducción 131
2. Sistemas de almacenaje 131
3. Elaboración de fichas de almacén 141
4. Gestión de *stocks:* identificación y trazabilidad 146
5. Aplicaciones informáticas de gestión y control de almacén 150
6. Normas de seguridad e higiene, aplicadas en almacenes de instituciones y empresas sanitarias 153
7. Resumen 162
Ejercicios de repaso y autoevaluación 163

Capítulo 5
Garantía de calidad

1. Introducción 167
2. Introducción a la garantía de calidad 167
3. Calidad en la asistencia sanitaria 174
4. Legislación vigente aplicable a la garantía de calidad 177
5. Relación de la documentación con el control de calidad y la trazabilidad 181
6. Resumen 182
Ejercicios de repaso y autoevaluación 185

Capítulo 6
Aspectos legales del ejercicio profesional

1. Introducción 191
2. Funciones del profesional 191
3. Responsabilidad legal 193
4. Legislación sobre sanidad, protección de datos, autonomía del paciente, derechos y obligaciones en materia de información y documentación clínica 197
5. Artículos de la Constitución Española que hacen referencia a la sanidad 201
6. Documentación asistencial y no asistencial con relevancia legal 203
7. Prevención de riesgos laborales en la organización y gestión del transporte sanitario 204
8. Resumen 228
Ejercicios de repaso y autoevaluación 231

Bibliografía 235

Capítulo 1

Organización sanitaria

Contenido

1. Introducción
2. Estructura del Sistema Nacional de Salud
3. Niveles de asistencia y tipos de prestaciones
4. Salud pública
5. Salud comunitaria
6. Evolución histórica de la medicina
7. Evolución histórica de los sistemas de emergencias médicas
8. Evolución histórica del transporte sanitario, haciendo referencia a los demás tipos de transporte (aéreo y acuático), indicando las características diferenciales básicas
9. Resumen

1. Introducción

Actualmente, los españoles cuentan con un Sistema Nacional de Salud basado en la Ley General de Sanidad de 1986, por la cual todos los ciudadanos tienen derecho a la protección de su salud, concretamente según el Título III de la Ley 14/1986, de 25 de abril. Gracias a esta ley, a la creación de un Sistema Nacional de Salud, se fueron organizando, solapando e integrando los diferentes niveles y organismos de asistencia, cada uno con competencias específicas y una actuación bien diferenciada.

Así se llega a las actuales salud comunitaria y salud pública, que tratan de entender a la persona en integridad, con su dimensión social y ambiental para desarrollar una actuación cada vez más compleja y especializada.

Con todo esto, también es destacable la prevención de la enfermedad y la promoción de la salud, que tanto auge tienen en los últimos tiempos.

En toda esta situación y gracias a la evolución de la medicina en un contexto más psicosocial y de los sistemas de emergencias médicas, se produce un desarrollo paralelo del transporte sanitario en todos sus tipos y un reconocimiento de esta actividad dentro del campo de la sanidad.

2. Estructura del Sistema Nacional de Salud

El sistema sanitario vigente hoy día en España es el Sistema Nacional de Salud, que está basado en la Constitución de 1978 y en la Ley General de Sanidad, de 25 de abril de 1986, que considera el derecho a la salud de toda la población y abarca la protección de la salud desde un punto de vista no solo asistencial, sino también incentivando la promoción de la salud y la prevención de la enfermedad, la investigación y la docencia.

En cuanto a su estructura administrativa, el Gobierno establece una serie de directrices sobre la política de salud, planificación, asistencia sanitaria y de consumo, que la Administración General del Estado propone y ejecuta a través del Ministerio de Sanidad y Consumo.

HOSPITAL

Pacientes

Cuidadores

Centro de Coordinación

Gestores

Proveedores Servicio

Hace unos años, Insalud era la entidad responsable, realizando su función a nivel nacional. Pero después se transfirió la sanidad a las comunidades autónomas, que crearon sus propios Servicios de Salud.

Ejemplo

Así, existen el Servicio Andaluz de Salud (SAS), el Servicio Vasco de Salud (Osakidetza), el Servicio Balear de Salud (SERBASA), etc.

Cada comunidad autónoma debe formar un servicio de salud propio, integrado por todos los centros, servicios y establecimientos que existan dentro de la comunidad, además de las diputaciones y ayuntamientos, respetando siempre las distintas titularidades que existan, aunque las funciones estén basadas en las propias de cada comunidad autónoma.

En lo referido a la estructura asistencial general, es en 1984 cuando se lleva a cabo una reforma de la estructura asistencial española, quedando estructurada de la forma siguiente:

- **A nivel territorial,** existe un mapa sanitario con una estructura fundamental, llamada "área de salud", delimitada según factores sociales, económicos, demográficos y otros más. Para lograr una mayor eficiencia, el área de salud se vuelve a dividir en "zonas básicas de salud", que es donde se practica la atención primaria.
- **A nivel asistencial,** la organización de la cartera de servicios sanitaria se divide en los siguientes niveles:

    - **Atención primaria,** desarrollada en los centros de salud gracias a equipos de atención primaria, formados por médicos de familia, pediatras, enfermeros, auxiliares de enfermería, etc.
    - **Atención especializada,** la cual se desarrolla en ambulatorios y hospitales.

- En lo que respecta a la **estructura asistencial farmacéutica,** las Comunidades Autónomas, al ser las encargadas de la asistencia sanitaria, se ocupan de la atención farmacéutica, intentando que sea la más adecuada a la población. Así, se establecen una serie de zonas, que se organizan así:

    - **En atención primaria:**

        - **Oficinas de farmacia:** establecimientos sanitarios con interés público, pero de titularidad privada, dirigidos por un farmacéutico que controla la colaboración de otros farmacéuticos adjuntos y personas que ayuden.
        - **Botiquines:** pueden encontrarse en lugares donde no es posible instalar una oficina de farmacia debido a restricciones geográficas o de otra índole, como la lejanía o la falta de los requisitos

necesarios para una autorización sanitaria (como en zonas rurales o remotas). Sin embargo, en términos oficiales, un botiquín no es un sustituto de una oficina de farmacia ni está destinado a la venta de medicamentos, sino que su propósito es ofrecer productos básicos de primeros auxilios.

- **Servicios de farmacia:** se pueden encontrar en los centros de atención primaria de las diferentes áreas de salud, bajo la responsabilidad de un farmacéutico.

- **En atención especializada hospitalaria:** en hospitales que tengan un número de camas mayor a cien, debe existir un servicio de farmacia. Si el número de camas es menor, habrá un depósito de medicamentos custodiado por un farmacéutico.

Nota

Cada área de salud dispondrá de, al menos, un hospital general para la asistencia especializada y complementaria y un centro de salud a menos de treinta minutos o, en su ausencia, un consultorio.

Con todo esto, podemos concluir una serie de prestaciones sanitarias del Sistema Nacional de Salud. La atención sanitaria dirigida a la población debe tener unos objetivos específicos. Los hospitales, como una parte dentro de un conjunto organizacional que se encarga de la salud, llevan a cabo una función asistencial, de docencia e investigación, ampliándose últimamente a la promoción de la salud y prevención de la enfermedad.

La curación se da gracias a la asistencia médica y farmacéutica. La asistencia farmacéutica será gratuita para pensionistas, minusválidos, dañados por accidentes laborales, afectados por enfermedades profesionales y para los pacientes que estén ingresados en hospitales de la seguridad social. En el resto de casos, el paciente paga la mayoría o un porcentaje del medicamento.

La promoción de la salud y la prevención de la enfermedad se llevarán a cabo tanto en sus aspectos físicos, como psicológicos y sociales.

Sabía que...

En la actualidad, está muy controlado el consumo de medicamentos, es decir, se controla informativamente cuándo se recetó el último medicamento, por lo que no se permite adquirir uno nuevo hasta pasado un tiempo específico.

El actual sistema trabaja para que cada problema de salud se solucione en el nivel correspondiente, haciendo así un buen uso de los medios y evitando saturaciones de unas estructuras e inutilización de otras.

La entrada al sistema sanitario ante una patología, excepto urgencias, debe ser la atención primaria y, a partir de aquí, pasar a otros niveles cuando vaya siendo necesario. El concepto integral de salud tiene que ponerse en práctica en todos los niveles, teniendo que incidir en aspectos psicológicos, ambientales, sociales, etc. Así, la atención no solo tiene el deber de curar, sino de prevenir y promocionar conductas, hábitos y estilos de vida saludables.

Organización del Servicio Nacional de Salud

ORGANIZACIÓN DE LA ADMINISTRACIÓN CENTRAL
ORGANIZACIÓN AUTONÓMICA
ÁREAS DE SALUD
Distritos de Atención Primaria
Áreas Hospitalarias
Zona Básica de Salud
Red Hospitalaria
Hospital comarcal/ Regional
Centros de Salud / Consultorios
Centros periféricos de Especialidades

3. Niveles de asistencia y tipos de prestaciones

Existen dos unidades asistenciales con funciones solapadas y coordinadas entre ellas, que pretenden la equidad en el acceso, recursos y tratamiento, eficacia y efectividad, eficiencia micro y macroeconómica, satisfacción y resultados en salud. Estas dos unidades son:

- Atención primaria
- Asistencia especializada

3.1. Atención primaria de salud

La atención primaria se refiere al primer nivel asistencial de salud, el cual constituye el primer acceso que tienen las personas al sistema sanitario.

Nota

En los servicios de atención primaria, el usuario, normalmente, encuentra respuesta a los problemas más habituales de salud y, únicamente cuando el diagnóstico y tratamiento lo requieran, será derivado a atención especializada.

Objetivos de la atención primaria

Los objetivos que ofrece dicha asistencia son:

- Mejora del nivel de salud de los ciudadanos.
- Aumento del grado de satisfacción de los usuarios y de los profesionales.
- Promoción de la salud, prevención de la enfermedad y asistencia curativa.
- Asistencia sanitaria individual y colectiva, ambulatoria, domiciliaria y de urgencias.
- Diagnóstico y tratamiento temprano de las enfermedades para evitar hospitalizaciones innecesarias.
- Educación sanitaria de la población.
- Vigilancia epidemiológica.
- Planificación, organización, dirección y evaluación de los servicios sanitarios.
- Salud materno-infantil, laboral, mental y ambiental.
- Investigación y docencia.
- Coordinación con los demás servicios sanitarios, tanto de atención especializada como de atención primaria de otros ámbitos geográficos.

Otros de los objetivos que se consiguen en atención primaria son:

- Atención a la mujer
- Atención a la infancia
- Atención al adulto
- Atención a la tercera edad

- Atención bucodental
- Atención a los cuidados paliativos
- Atención al soporte domiciliario
- Atención a salud mental

3.2. Atención especializada

La atención especializada es el conjunto de medios humanos y materiales del sistema de salud puesto a disposición de la población para atender los problemas sanitarios de mayor complejidad que superan las posibilidades de la atención primaria.

Objetivos

Los objetivos que ofrece dicha atención son:

- Ofrecer todos los medios técnicos y humanos de diagnóstico, tratamiento y rehabilitación que no pueden ser ofrecidos en atención primaria.
- Hacer posible la hospitalización de todas aquellas personas que lo precisen.
- Atender urgencias y emergencias.
- Prestar asistencia ambulatoria especializada.
- Poner sus centros e instituciones a disposición de la investigación.
- Promoción de la salud, prevención de las enfermedades, educación sanitaria, etc.
- Formación de los profesionales sanitarios.

Otros de los objetivos que se consiguen en atención especializada son:

- Asistencia especializada en consultas.
- Asistencia especializada en hospital de día, médico y quirúrgico.
- Hospitalización en régimen de internamiento.
- Apoyo en atención primaria una vez se produzca el alta hospitalaria.
- Indicación o prescripción de procedimientos diagnósticos y terapéuticos.
- Atención paliativa a enfermos terminales.
- Atención a la salud mental.
- Rehabilitación en pacientes con déficit funcional recuperable.

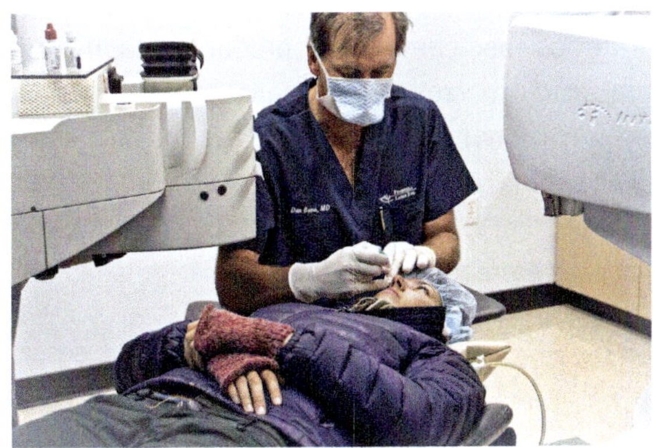

Atención especializada

3.3. Prestaciones

Además de la atención primaria y especializada que se acaban de definir, existen otra serie de prestaciones.

Prestaciones farmacéuticas

Estas prestaciones comprenden los medicamentos y los productos sanitarios y su receta y administración al menor coste posible en las dosis necesarias según las necesidades clínicas.

Nota

Este coste es compartido por el usuario y los fondos sanitarios, excepto en aquellos casos en que sean administrados en el hospital, bien sea por atención especializada o por hospitalización.

Estas prestaciones farmacéuticas se encuentran reguladas por un amplia legislación a nivel estatal, como es el Real Decreto Legislativo 1/2015, de 24 de julio, por el que se aprueba el texto refundido de la Ley de garantías y uso racional de los medicamentos y productos sanitarios, el Real Decreto Ley 4/2010, de 26 de marzo, de racionalización del gasto farmacéutico con cargo al Sistema Nacional de Salud. Además se encuentra regulado por el Real Decreto 1718/2010, de 17 de diciembre, sobre receta médica y órdenes de dispensación. Todo esto estará regulado por la Agencia Española de medicamentos, la cual fue creada y sus funciones reguladas por el Real Decreto 1275/2011, de 16 de septiembre.

Receta médica

Prestaciones complementarias

Son los tratamientos adicionales y necesarios para una completa recuperación del paciente. Estas prestaciones incluyen:

- Prestación ortoprotésica.
- Transporte sanitario (en urgencias o por imposibilidad física).
- Tratamiento dietoterápico complejo.
- Oxigenoterapia a domicilio.
- Rehabilitación.
- Prótesis dentales y ortodoncia.
- Tratamientos de fertilidad.
- Cuidado paliativo y tratamiento en casa.
- Psicoterapia.
- Tratamientos de salud mental complejos.

Imagine que es un profesional de la enfermería y que trabaja en la unidad de medicina interna de un gran hospital. Últimamente hay una cantidad excesiva de pacientes ingresados con problemas de pulmón, muchos de los cuales son derivados a oncología por la presencia de células malignas. Ante esta problemática, decide organizar un programa de educación para la salud, para dejar de fumar y dar a conocer los efectos perjudiciales de esta droga y, por tanto, prevenir las enfermedades pulmonares.

Tras tenerlo todo previsto y planeado, el programa no tiene éxito y la proporción de participantes es bastante baja. Algunas de las excusas que ponen los enfermos a los que se les propone el programa son "yo ya no tengo cura", "si de todas formas aquí no me dejan fumar", "el dejar de fumar ya no va a arreglar nada", etc.

¿Puede decir cuál es el fallo de que no tenga éxito el programa de salud?

SOLUCIÓN

La baja proporción de participantes y, por tanto, el fracaso del programa se debe a que la recaudación de usuarios no se está haciendo en el sitio adecuado. Es la atención primaria la que se tiene que encargar de recaudar a las personas fumadoras para este programa, ya que así se lleva a cabo la prevención, y no recaudar a personas ingresadas en el hospital que ya están enfermas y que, por tanto, no pueden ya practicar una formación para la prevención primaria.

4. Salud pública

La salud pública es una disciplina sanitaria que promueve la seguridad en cuanto a la salud de la comunidad. Su foco de análisis es el individuo y las poblaciones. El trabajo fundamental es el control de las enfermedades y su prevención. Para que el desarrollo de la salud pública sea posible, es necesaria la intervención de un importante número de profesionales que aportan todos los conocimientos útiles en esta materia, centrados en su propio ámbito de actuación.

Para conseguir esa protección de la salud a nivel poblacional, se intentarán poner todos los medios de prevención que sean posibles para evitar la aparición de enfermedades en la población. Los medios de prevención se refieren a formas de protección a nivel individual, en aquellos casos en que exista un riesgo personal específico, o bien a nivel poblacional, por ser necesario un proceso de protección ante un agente patógeno localizado espacial o temporalmente.

Ejemplo

En un periodo determinado del año existe una mayor incidencia de afectados por el virus de la gripe. Esta es la razón por la que se inicia una campaña de vacunación masiva en toda la gente que presente mayor riesgo de infección por el virus, evitando de esta forma que existan tantos afectados por la gripe.

Para la puesta en marcha de los programas de salud, cada Gobierno redactará y detallará aquellos programas que crea conveniente elaborar y se establecerán los objetivos que se quieran alcanzar mediante estos.

FUNCIONES	Mejorar la salud de la población.
	Aumentar la calidad de vida.
	Prolongar la vida.
OBJETIVOS PRINCIPALES	Mejorar la información y conocimiento.
	Vigilancia y rapidez de respuesta ante cualquier duda o problema de salud.
	Acción sobre factores determinantes de la salud.

Los encargados del planteamiento y puesta en marcha de la salud pública deben de ser quienes investiguen la aparición de nuevos factores de riesgo en salud, conociendo los determinantes de cada uno de ellos. También serán los responsables de la evaluación de las necesidades en salud de la población. Asimismo, estos organismos se encargan de establecer programas y planes para satisfacer tales necesidades.

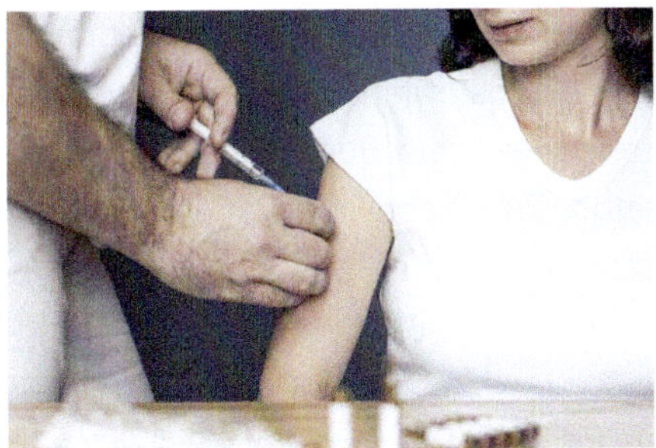

Vacunación preventiva

Importante

La salud pública tiene como principio hacer que sus servicios ofertados sean aprovechados por el mayor número de gente posible y con igualdad de condiciones para todos.

5. Salud comunitaria

El término salud comunitaria no debe ser confundido con el de salud pública. Este concepto de salud comunitaria ya apareció en las primeras décadas del siglo XX, pero sin trascendencia. Fue a partir de los años sesenta en estados unidos cuando se implementa este término, y la Organización Mundial de la Salud, incluye su definición en la conferencia de Atención Primaria de Alma Atta en 1978, sufriendo un lento desarrollo hasta hace apenas una década, cuando en nuestro país, ha pasado incluso a ser una especialidad sanitaria.

Ejemplo

Las campañas contra la drogadicción o la violencia de género son impuestas por las autoridades.

En cambio, en la salud comunitaria, la promoción, la prevención y, con todo ello, la educación son los objetivos primordiales. En este caso, no viene impuesta por las autoridades, sino que se siguen las pautas de los distintos profesionales de la salud. Tras haber realizado un estudio y ver las necesidades, se crea un programa y se fomenta la participación, con lo cual el usuario se implica teniendo un papel activo.

La forma de intervención en la que se basa la salud comunitaria es un modelo de búsqueda, que consiste en que el profesional de la salud sale a la comunidad para trabajar con esta, con lo cual el objetivo es prevenir, promocionar los valores y acciones de las intervenciones, pretendiendo así la optimización o adecuación entre persona y ambiente, todo esto dirigido a provocar un cambio ambiental, individual o ambos.

La salud comunitaria intenta desarrollar la optimización de lo que se podría describir como normal y saludable, fomentando todo comportamiento o estilo de vida adaptativo al mismo tiempo. La educación para la salud es la estrategia o tecnología que utilizan los servicios de salud para que los individuos adquieran competencias en el cuidado y la promoción de la salud.

Mediante la salud comunitaria se intenta concienciar a los grupos de población de la importancia que tiene el papel de cada individuo en la salud tanto comunitaria como individual. Para ello, se realiza un gran esfuerzo en una educación lo más correcta posible y en el desarrollo de la mejor investigación sobre el tema.

Recuerde

La salud comunitaria pretende establecer las condiciones saludables óptimas en la población mediante la promoción de estilos de vida saludables y la concienciación de cada componente.

<table>
<tr><td rowspan="4">CRITERIOS</td><td>Promover conductas sanas en la comunidad.</td></tr>
<tr><td>Desarrollar competencias de autovigilancia y autocuidado en salud.</td></tr>
<tr><td>Promover el sistema de apoyo social.</td></tr>
<tr><td>Introducir cambios ecológicos facilitadores de salud.</td></tr>
<tr><td rowspan="3">OBJETIVOS PRINCIPALES</td><td>Atención con enfoque integral.</td></tr>
<tr><td>Promoción de la salud, prevención de la enfermedad y medicina curativa.</td></tr>
<tr><td>Consecución de objetivos tanto individuales como colectivos en el ámbito de la salud en la sociedad.</td></tr>
</table>

Programa de educación para la salud sobre el agua potable

Aplicación práctica

Isabel trabaja en una oficina y un día se encuentra con el siguiente cartel, el cual no entiende lo que significa. Explíquelo e indique el motivo por el cual la empresa lo ha colocado en diferentes lugares.

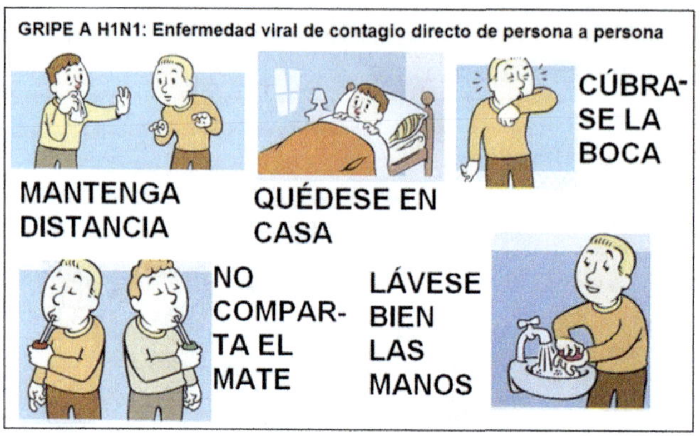

SOLUCIÓN

Lo que el empresario pretende con la colocación de este cartel es evitar que se produzca un contagio entre sus empleados y, por tanto, una serie de bajas laborales. En el cartel se indican las medidas a tener en cuenta para que no se produzcan contagios, que se pueden evitar, y lógicamente este se encuentra enmarcado dentro del ámbito de la salud pública.

6. Evolución histórica de la medicina

La medicina es una ciencia resultado de las características sociales, culturales y científicas que ha experimentado el ser humano a lo largo de los años. El dolor sería el primer problema y el de más importancia para los primitivos, oponiéndose así al sufrimiento y a la muerte. Por lo tanto, queda configurado el origen la historia de la medicina, del que no existe información escrita porque aún se desconocía la escritura.

Nota

Esta etapa se podría definir como "mágico-religiosa", dándole un origen mágico a la explicación de fenómenos irracionales para el ser humano primitivo.

Desde este periodo hasta la Edad Media, la ciencia médica apenas sufre modificaciones. Después, en el siglo XV, el Renacimiento hace resurgir la etapa de esplendor en el saber científico y con ello en la medicina. A partir de aquí, la medicina se amplía en tres direcciones básicas: anatomía, fisiología y patología.

En los tres siglos siguientes, gracias a la Escuela de Padua, a los sucesores de Vesalio y después gracias a la contribución de Inglaterra, Francia y Dinamarca, que habían sido potentes en la investigación anatómica, el conocimiento del cuerpo humano a nivel macroscópico es casi total.

La fisiología se renueva de forma pragmática o imaginativa, intentando entender la actividad del cuerpo humano como algo mecánico. Por otro lado, la patología se basa en los mismos principios, por lo que se considera mecanicista.

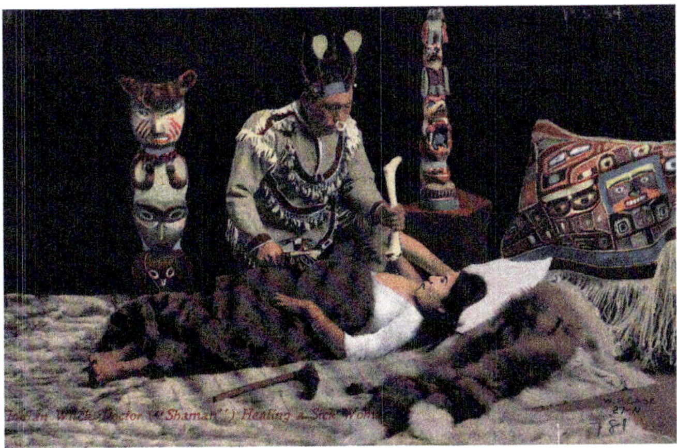

Época mágico-religiosa de la medicina

En el siglo XIX se produce un gran despliegue de la medicina contemporánea. Es la época de más desarrollo de la medicina. Cabe destacar la aparición de la noción de tejido y la concepción celular del organismo descrita por Virchow. En el campo clínico, se diferencian tres líneas:

- La anatomoclínica, se basa en la lesión anatomopatológica.
- La fisopatológica, reduce la enfermedad a un proceso de tipo físico o químico.
- La etiopatogénica, que nace de la bacteriología.

En el siglo XX, la medicina ha sufrido una transformación radical, especialmente en lo que se refiere a la capacidad de actuación de los profesionales de esta ciencia que, en nuestros días, pueden curar enfermedades que antes eran mortales, creando unas expectativas de vida muy grandes. Estos avances se manifiestan en los métodos de diagnóstico, en la terapéutica médica y quirúrgica e incluso en la medicina preventiva.

Recuerde

El siglo XIX, es el momento en el que se produce un gran despliegue de la medicina contemporánea. Aparecen la noción de tejido y la concepción celular del organismo de Virchow.

7. Evolución histórica de los sistemas de emergencias médicas

A partir de los años 80 y 90, es cuando han experimentado un mayor desarrollo las emergencias médicas extrahospitalarias dentro del Sistema Nacional de Salud, en seguimiento de una línea marcada por los servicios prestados por la Cruz Roja, unidades de la Seguridad Social y otros que se basan en el voluntariado.

Las bases para la creación de un Sistema de Asistencia Médica de Urgencia se sientan en 1984 ante la elaboración del Plan de Actuación Sanitaria de Urgencia (PASU), ante la alta mortalidad fuera de los hospitales, principalmente por accidentes de tráfico y patologías cardiovasculares.

A partir de esa época y con la aparición y desarrollo de nuevos órganos de la sanidad pública española, como la creación de los servicios de salud a nivel de las comunidades autónomas o la transferencia de la asistencia sanitaria a la Seguridad Social, se va creando la atención de emergencias médicas en diversos territorios. En este desarrollo intervienen y tienen presencia las corporaciones locales a través de iniciativas, al igual que la aportación de servicios de emergencias, rescate, bomberos y protección civil.

A partir del Informe del Defensor del Pueblo en 1988 y del Comité Europeo de Salud, se empezaron a desarrollar los servicios de urgencias y emergencias extrahospitalarios con teléfono 061 o con otros números distintos.

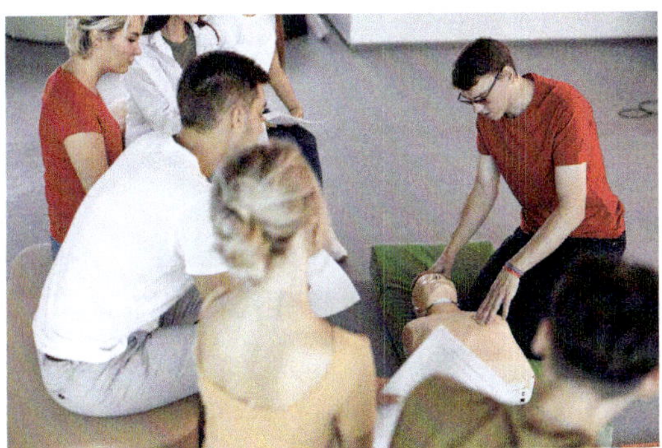

Maniobra de RCP en un maniquí

Nota

Hasta finales de los años 90 no sería cuando empezaría la integración de muchos de los servicios de emergencias médicos o sanitarios, como el 061 u otros números telefónicos, en los centros 112.

8. Evolución histórica del transporte sanitario, haciendo referencia a los demás tipos de transporte (aéreo y acuático), indicando las características diferenciales básicas

Es a partir de 1980 cuando se empiezan a ver ambulancias con dotación material de inmovilización y sillas de traslado, entre otras cosas, incorporándose después material de reanimación.

Entrados en los años 90, se concibe la vital necesidad de un servicio de urgencias extrahospitalario que sea eficaz y trabaje con profesionalidad. Por todo esto, se crea la ambulancia UCI móvil, con todo lo necesario para el traslado y trabajo con pacientes en estado crítico. También se produce la incorporación del facultativo a la ambulancia y las unidades medicalizadas con médico o enfermero.

A comienzos de este siglo, se hace necesario formar a profesionales de ambulancias, acreditándoles con un carnet como "técnicos en transporte sanitario". Se trata de una titulación a nivel autonómico y del reconocimiento de una nueva profesión con gran visión de futuro.

La evolución del transporte sanitario ha sido muy drástica. En un primer momento, lo más importante era la rapidez del transporte hasta el centro más cercano. En cambio, en la actualidad, lo correcto es llegar lo antes posible al lugar de la urgencia para practicar in situ la asistencia y realizar posteriormente el traslado al hospital con garantías, una vez que el enfermo está estabilizado.

Importante

El transporte sanitario es un eslabón fundamental en la cadena de supervivencia y el técnico es parte importante de ese eslabón. Su finalidad es trasladar al enfermo en las mejores condiciones de seguridad, atención y comodidad, en una situación de relativa estabilidad.

Con todo esto, se puede definir el transporte sanitario urgente como "todo desplazamiento de un enfermo, herido o parturienta en los mejores intervalos de tiempo, mediante un vehículo especialmente adaptado y disponiendo de personal especializado".

TIPOS DE TRANSPORTE SANITARIO	
TERRESTRES	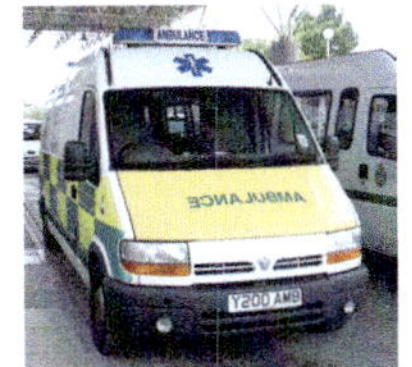 Ambulancia  Todo terreno
Ventajas	**Inconvenientes**
Accesibilidad universal.	Aumento en el tiempo del tránsito cuando las distancias son largas.
Costes de mantenimiento relativamente bajos.	Movilidad limitada por la carretera, el tráfico y las condiciones climatológicas.
Solo dos traslados del paciente en ruta (del centro remitente a la ambulancia y de la ambulancia al hospital receptor).	
AÉREOS	 Avión 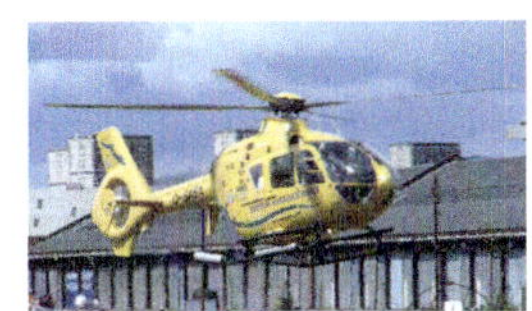 Helicóptero
Ventajas	**Inconvenientes**
Fácil acceso a zonas restringidas.	Ausencia de helisuperficies en los hospitales.
Ganancia de tiempo.	Limitación por condiciones meteorológicas adversas y por la noche.
Utilidad en grandes catástrofes o accidentes con múltiples víctimas.	
Comunicaciones permanentes con el exterior.	

Continúa en página siguiente >>

<< Viene de página anterior

TIPOS DE TRANSPORTE SANITARIO		
MARÍTIMOS	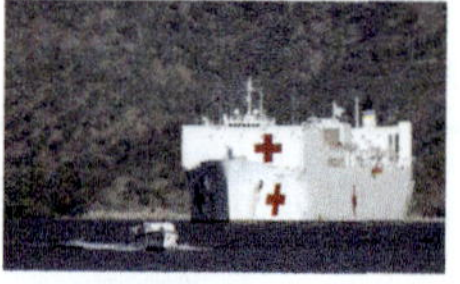 Barco hospital	 Lancha de salvamento
Ventajas	**Inconvenientes**	
Útil para rescates en el agua.	Lentos en los desplazamientos largos.	

9. Resumen

A lo largo de la historia, el mundo de la sanidad ha cambiado y mucho, teniendo en cuenta que es una ciencia en constante renovación.

Desde el nacimiento de la medicina como ciencia, pasando por el surgimiento actual de las emergencias médicas, que es una parte de la salud en auge y gran desarrollo, ha sido mucho el esfuerzo hasta llegar a lo que hoy se conoce como Sistema Nacional de Salud, configurado por la Ley General de Sanidad de 1986, por la cual todos los ciudadanos tienen derecho a la protección de su salud.

Este Sistema Nacional de Salud se organiza en atención primaria (centros de salud) y atención especializada (hospitales), para lograr una mayor fluidez e integridad de la atención y la especialización de problemas concretos de cada población.

La salud comunitaria y la salud pública tratan de entender a la persona en integridad, con su dimensión social y ambiental, para desarrollar una actuación cada vez más compleja y especializada. Son conceptos actuales que se diferencian en que la salud pública viene impuesta por el Estado y la comunitaria es más a criterio del profesional de la sanidad y, por tanto, abarca, además de la prevención, la promoción y la educación.

El Sistema Nacional de Salud, junto a los nuevos conceptos de salud pública y comunitaria, además de los adelantos en medicina y las emergencias médicas, dan lugar a que el trasporte sanitario gane importancia dentro del campo de la salud y con ello el desarrollo de medios de transporte, de asistencia en el desplazamiento y de formación reconocida de los conductores del transporte en la sanidad.

Ejercicios de repaso y autoevaluación

1. De las siguientes afirmaciones, diga cuál es verdadera o falsa.

a. Las zonas que constituyen un marco territorial de la atención primaria, donde se desarrollan las actividades sanitarias de los centros de salud, son las "áreas de salud".

- ☐ Verdadero
- ☐ Falso

b. Al sistema sanitario, se puede y se debe acceder por el tipo de órgano de atención que más convenga.

- ☐ Verdadero
- ☐ Falso

c. Cuando se pueden ofrecer a la población los medios técnicos y humanos de diagnóstico, tratamiento y rehabilitación, se está hablando de atención especializada.

- ☐ Verdadero
- ☐ Falso

d. El siglo XV es el momento en que la medicina experimenta un gran desarrollo.

- ☐ Verdadero
- ☐ Falso

e. El término "transporte interhospitalario" hace referencia a un transporte sanitario primario.

- ☐ Verdadero
- ☐ Falso

---

2. Complete el siguiente texto.

La salud pública es una __________ __________ que integra conocimientos de variadas __________ de la medicina y otras disciplinas. Su foco de análisis es el __________ y las __________. El trabajo fundamental es el __________ de las __________ y su __________.

Necesita la participación de disciplinas __________, económicas, __________, demográficas, de las __________ __________ y bioestadística.

3. En la columna A, hay un grupo de características de salud pública y, en la columna B, dos clasificaciones de esas características. Relacione ambas columnas según corresponda.

COLUMNA A	COLUMNA B
Prolongar la vida.	
Mejorar la información y el conocimiento.	
Mejorar la salud de la población.	FUNCIONES
Vigilancia y rapidez de respuesta ante cualquier duda o problema de salud.	OBJETIVOS PRINCIPALES
Aumentar la calidad de vida.	
Acción sobre factores determinantes de la salud.	

4. ¿En qué se diferencia la salud pública de la salud comunitaria?

____
____
____
____
____
____
____

5. La época de mayor despliegue de la medicina contemporánea es:

a. El siglo XV, gracias al Renacimiento.
b. El siglo XXI, por los grandes avances técnicos.
c. La época conocida como "mágico-religiosa".
d. El siglo XIX, por los descubrimientos de Virchow.

Capítulo 2

Documentación sanitaria y de gestión

Contenido

1. Introducción
2. Documentos clínicos. Tramitación
3. Documentos no clínicos
4. Autorizaciones y permisos
5. Resumen

1. Introducción

Cada día está más controlada y diferenciada la tarea de cada profesional que trabaja en la sanidad en cadena y cooperación para que la atención a la persona enferma sea lo más completa y positiva posible. Todo esto solo puede llegar a conseguirse reflejando mediante escrito el quehacer de cada miembro del equipo, por eso existen documentos de distinta índole que, a la vez, provocan una mayor exigencia en el control de la situación del paciente y en su estado de salud.

Existen los documentos clínicos, los cuales guardan los datos de salud de la persona, así como su situación actual, pasada y futura inmediata, como tratamientos, destino después del alta en una determinada planta, etc.

La documentación no clínica sirve para la gestión y organización de los recursos humanos y materiales. Son documentos administrativos para la comunicación interna del centro o entre centros relacionados.

Por último, se pueden encontrar también autorizaciones y permisos, como los documentos de objetos personales o la documentación geográfica, que hoy día ha evolucionado mucho gracias a las nuevas tecnologías y está coordinada por una central de cada provincia. También es posible encontrar en las ambulancias un libro de reclamaciones para presentar quejas.

Todos estos documentos, su tramitación, sus subtipos y cómo se llevan a la práctica, es lo que se va a desarrollar en este capítulo.

2. Documentos clínicos. Tramitación

Se puede definir documento como la combinación que se produce entre un soporte y la información que va contenida en él, donde el soporte sería el medio en el que ha de quedar la información registrada.

El medio más utilizado generalmente es el papel, aunque, en la actualidad, los medios más utilizados son las plataformas informáticas.

Por lo tanto, se puede definir la documentación clínica como todos aquellos documentos que registran toda la información relacionada con la salud del paciente y con la asistencia que a este se le presta.

Los documentos clínicos presentan una serie de características, las cuales se dividen en:

- **Externas,** las cuales a su vez pueden clasificarse según:
  - Su clase: escritos, material audiovisual, material electrónico o informático, etc.
  - Su tipo: vendrá definido por el tipo de estructura que presente el documento. Por ejemplo, un cuestionario de satisfacción de estancia hospitalaria es diferente a una de alta hospitalaria.
  - Su formato: vendrá definido por las características que presente el soporte. El utilizado generalmente en la impresión general es el DIN A4.
  - La cantidad: constituye el conjunto de toda la información.
  - La forma externa del documento: en este caso, se ha de distinguir entre el original y la copia. Se puede distinguir entre el original de una reclamación presentada en el hospital y la copia con la que se queda el paciente que ha presentado la reclamación.

- **Internas,** las cuales a su vez se clasifican según:
  - El nombre de quien ha realizado la asistencia, la cual puede ser bien una persona o una entidad.
  - Identificación del paciente.
  - Motivo de la realización del documento (por ejemplo hoja de anamnesis, de exploración, etc.).
  - Contenido de la petición que se pretende realizar a la hora de transmitir el documento.
  - Incluir la fecha y la hora en todos aquellos documentos en los que esté indicado.
  - Firma de la persona que redacta el documento.

Dentro de la clasificación de los documentos clínicos, se van a encontrar los registros médicos, los cuales constituyen una relación ordenada de todos los datos obtenidos por el interrogatorio, la observación del enfermo y por los exámenes complementarios realizados, con el fin de comprender la evolución de la salud de este. Han de incluir los campos asistenciales preventivos y rehabilitadores.

Nota

Las historias clínicas deben clasificarse según un número de identificación personal y ellas se van a reflejar el estado en el que se encuentra el paciente y las medidas de actuación que se han llevado a cabo.

2.1. Elementos de la hoja clínica

La historia clínica consta de los siguientes elementos.

Informe de urgencias

Si el ingreso se produjese por urgencias, en él se ha de registrar la atención urgente que se le ha prestado al paciente.

Nota

La atención urgente es una parte muy importante de la prestación del servicio y una vía frecuente para el ingreso hospitalario.

INFORME MÉDICO DE URGENCIAS

H. Sur Fe. nacim. dd/mm/aaaa
Nº Historia: 123456 Nº Episodio: 0000000001
Paciente: Nombre Apellido Apellido Sexo: M Edad: 45 años

CHIO-GUIA DE ISORA
ENTIDAD: Servicio Canario Salud (Tenerife) Nº

Póliza: 1234567890

MOMENTO DE ADMISIÓN
Fecha de admisión: 02/09/2025
Hora de asistencia: 18:33:02
Nombre del médico: APELLIDO APELLIDO, NOMBRE
Nº Colegiado: 0000000001

ANTECEDENTES Y ALERGIAS:
NO REFIERE

RESUMEN:
PTE QUE ACUDE A URGENCIAS POR CEFALEA INTENSA PULSATIL GENERALIZADA QUE COMIENZA EN LA REGIÓN OCCIPITAL Y SE EXTIENDE A LA REGIÓN FRONTAL ACOMPAÑADA DE FOTOFOBIA Y MAREOS DE 3 DÍAS DE EVOLUCIÓN. NO FIEBRE, NO VOMITOS NI OTRA SINTOMATOLOGÍA NEUROLÓGICA.
REFIERE HACE APROXIMADAMENTE 1 AÑO COMIENZO CON CEFALEAS FRECUENTES DESPUÉS DE QUE SU ESPOSO FALLECIÓ PERO NUNCA HABÍAN SIDO TAN INTENSAS

EXPLORACIÓN FÍSICA:
MUCOSAS: HÚMEDAS Y MORMOCLOREADAS
AUSCULTACIÓN CARDIOPULMONAR: NORMAL TA: 120/80 FC: 62
ABDOMEN: BLANDO, NO DOLOROSO A LA PALPACIÓN, RHA PRESENTES. NO REACCIÓN PERITONEAL
NEUROLÓGICO: CONSCIENTE, ORIENTADA CON PUPILAS ISOCORICAS Y REACTIVAS. FZA MUSCULAR Y SENSIBILIDAD CONSERVADA. PARES CRANEALES SIN ALTERACIONES. ROMBERG NEGATIVO. NO RIGIDEZ DE NUCA NI SIGNOS MENÍNGEOS. RESTO DEL EXAMEN NEUROLÓGICO DENTRO DE LA NORMALIDAD.

EXPLORACIONES COMPLEMENTARIAS:
ANALÍTICA SEGMENT 19,30 LINFO 14,60 RESTO NORMAL
TAC DE CRANEO PARA DESCARTAR HSA O PROCESO EXPANSIVO INTRACRANEAL: NORMAL. PENDIENTE DE INFORME DEFINITIVO

IMPRESIÓN DIAGNÓSTICA:
178.0, CEFALEA MIGRAÑOSA. VS CEFALEA TENSIONAL

TRATAMIENTO:
EN EL CENTRO DE SALUD SE LE PUSO NOLOTIL Y URBASON 40 MG
EANTYUM 1 CP C/12H POR 5 DÍAS
ZANTAC 1 AMP
VALIUM 1 AMP
PERFALGAN 1G IV

SE ACONSEJA:
NAPROSYN 1 CP C/12H POR 5 DÍAS
ZALDIAR 1 CP C/8H SI DOLOR
AXIAGO 20 MG 1 CP DIARIO
CONTROL POR SU MC Y NEUROLOGO

Informe de urgencias

Hoja de ingreso

Este documento recoge toda la información general del paciente para así poder identificarlo sin problema. En él se incluyen datos clínicos previos a su ingreso y los procedimientos administrativos que se han derivado de este, como pueden ser:

- La identificación del paciente: nombre y apellidos, fecha de nacimiento o edad, domicilio habitual, teléfono y número de historia clínica. También el nombre, dirección y teléfono de la persona a la cual se debe avisar en caso de no poder contactar con el paciente.
- Unidad y médico responsable, así como el número de habitación y de la cama que le han sido asignadas. Se indicará el día de ingreso y la hora.
- El lugar de donde viene el paciente, que puede ser bien de su casa, asistencia primaria, hospitalaria, etc, y la vía por la que ha realizado el ingreso, que puede ser bien por urgencias o que haya sido llamado de manera programada.
- Antecedentes de alergia o de reacciones adversas que hubiera tenido el paciente anteriormente, sobre todo a los medicamentos.
- Transfusiones realizadas anteriormente.
- Indicación, si fuera necesario, de intervención judicial.

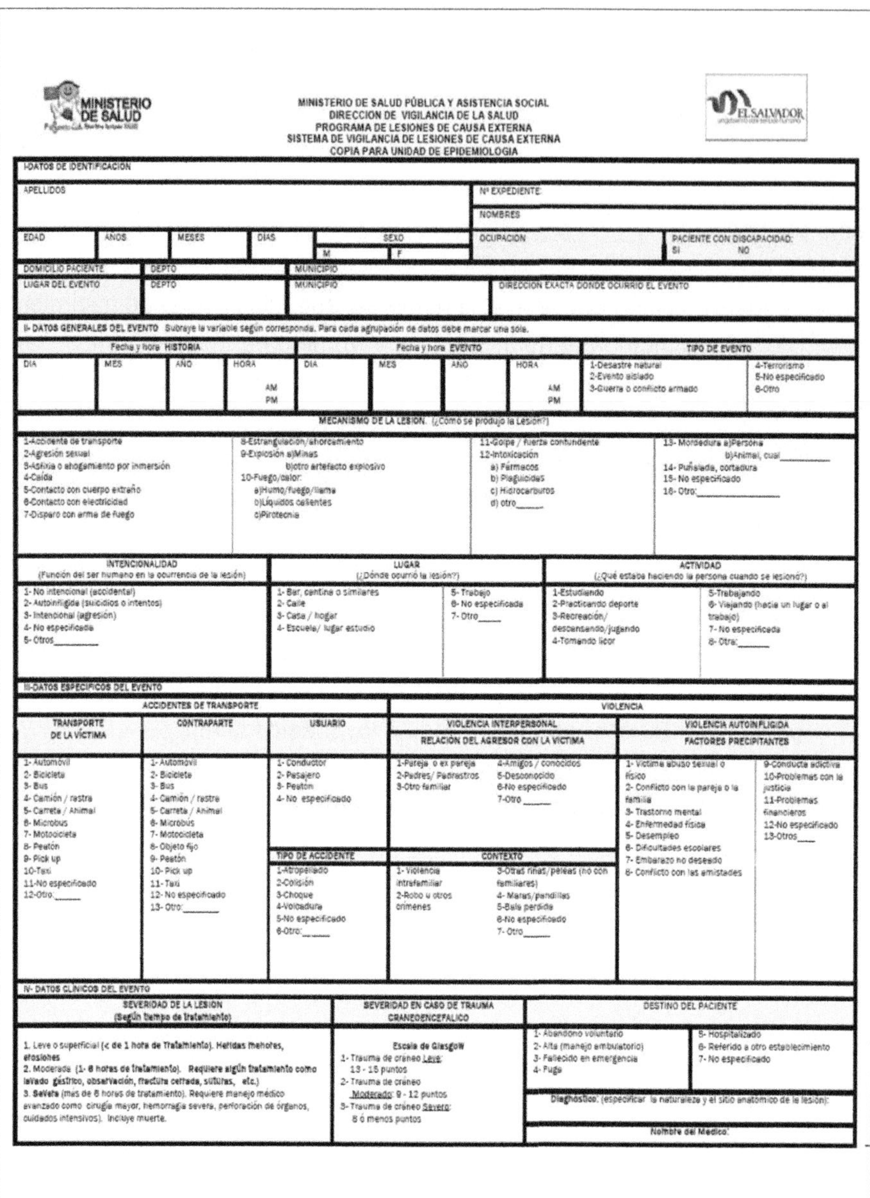

MINISTERIO DE SALUD

MINISTERIO DE SALUD PÚBLICA Y ASISTENCIA SOCIAL
DIRECCION DE VIGILANCIA DE LA SALUD
PROGRAMA DE LESIONES DE CAUSA EXTERNA
SISTEMA DE VIGILANCIA DE LESIONES DE CAUSA EXTERNA
COPIA PARA UNIDAD DE EPIDEMIOLOGIA

EL SALVADOR

I-DATOS DE IDENTIFICACION

APELLIDOS | Nº EXPEDIENTE | NOMBRES

EDAD | AÑOS | MESES | DIAS | SEXO: M / F | OCUPACION | PACIENTE CON DISCAPACIDAD: SI / NO

DOMICILIO PACIENTE | DEPTO | MUNICIPIO

LUGAR DEL EVENTO | DEPTO | MUNICIPIO | DIRECCION EXACTA DONDE OCURRIO EL EVENTO

II- DATOS GENERALES DEL EVENTO Subraye la variable según corresponda. Para cada agrupación de datos debe marcar una sola.

Fecha y hora HISTORIA: DIA | MES | AÑO | HORA AM / PM

Fecha y hora EVENTO: DIA | MES | AÑO | HORA AM / PM

TIPO DE EVENTO
1-Desastre natural
2-Evento aislado
3-Guerra o conflicto armado
4-Terrorismo
5-No especificado
6-Otro

MECANISMO DE LA LESION. (¿Como se produjo la Lesion?)
1-Accidente de transporte
2-Agresión sexual
3-Asfixia o ahogamiento por inmersión
4-Caída
5-Contacto con cuerpo extraño
6-Contacto con electricidad
7-Disparo con arma de fuego
8-Estrangulación/ahorcamiento
9-Explosión a)Minas
b)otro artefacto explosivo
10-Fuego/calor:
a)Humo/fuego/llama
b)Líquidos calientes
c)Pirotecnia
11-Golpe / fuerza contundente
12-Intoxicación
a) Fármacos
b) Plaguicidas
c) Hidrocarburos
d) otro_____
13- Mordedura a)Persona
b)Animal, cual_________
14- Puñalada, cortadura
15- No especificado
16- Otro:_____________

INTENCIONALIDAD (Función del ser humano en la ocurrencia de la lesión)
1- No intencional (accidental)
2- Autoinfligida (suicidios o intentos)
3- Intencional (agresión)
4- No especificada
5- Otros_________

LUGAR (¿Dónde ocurrió la lesión?)
1- Bar, cantina o similares
2- Calle
3- Casa / hogar
4- Escuela/ lugar estudio
5- Trabajo
6- No especificada
7- Otro_____

ACTIVIDAD (¿Qué estaba haciendo la persona cuando se lesionó?)
1-Estudiando
2-Practicando deporte
3-Recreación/ descansando/jugando
4-Tomando licor
5-Trabajando
6- Viajando (hacia un lugar o al trabajo)
7- No especificada
8- Otra:______

III-DATOS ESPECIFICOS DEL EVENTO

ACCIDENTES DE TRANSPORTE

TRANSPORTE DE LA VÍCTIMA
1- Automóvil
2- Bicicleta
3- Bus
4- Camión / rastra
5- Carreta / Animal
6- Microbus
7- Motocicleta
8- Peatón
9- Pick up
10-Taxi
11-No especificado
12-Otro:______

CONTRAPARTE
1- Automóvil
2- Bicicleta
3- Bus
4- Camión / rastra
5- Carreta / Animal
6- Microbús
7- Motocicleta
8- Objeto fijo
9- Peatón
10- Pick up
11- Taxi
12- No especificado
13- Otro:________

USUARIO
1- Conductor
2- Pasajero
3- Peatón
4- No especificado

TIPO DE ACCIDENTE
1-Atropellado
2-Colisión
3-Choque
4-Volcadura
5-No especificado
6-Otro:______

VIOLENCIA

VIOLENCIA INTERPERSONAL

RELACIÓN DEL AGRESOR CON LA VICTIMA
1-Pareja o ex pareja
2-Padres/ Padrastros
3-Otro familiar
4-Amigos / conocidos
5-Desconocido
6-No especificado
7-Otro ______

CONTEXTO
1- Violencia intrafamiliar
2-Robo u otros crímenes
3-Otras riñas/peleas (no con familiares)
4- Maras/pandillas
5-Bala perdida
6-No especificado
7- Otro______

VIOLENCIA AUTOINFLIGIDA

FACTORES PRECIPITANTES
1- Victima abuso sexual o físico
2- Conflicto con la pareja o la familia
3- Trastorno mental
4- Enfermedad física
5- Desempleo
6- Dificultades escolares
7- Embarazo no deseado
8- Conflicto con las amistades
9-Conducta adictiva
10-Problemas con la justicia
11-Problemas financieros
12-No especificado
13-Otros____

IV- DATOS CLÍNICOS DEL EVENTO

SEVERIDAD DE LA LESION (Según tiempo de tratamiento)
1. Leve o superficial (< de 1 hora de Tratamiento). Heridas menores, erosiones
2. Moderada (1- 6 horas de tratamiento). Requiere algún tratamiento como lavado gástrico, observación, fractura cerrada, suturas, etc.)
3. Severa (más de 6 horas de tratamiento). Requiere manejo médico avanzado como cirugía mayor, hemorragia severa, perforación de órganos, cuidados intensivos). Incluye muerte.

SEVERIDAD EN CASO DE TRAUMA CRANEOENCEFALICO
Escala de Glasgow
1- Trauma de cráneo Leve: 13 - 15 puntos
2- Trauma de cráneo Moderado: 9 - 12 puntos
3- Trauma de cráneo Severo: 8 ó menos puntos

DESTINO DEL PACIENTE
1- Abandono voluntario
2- Alta (manejo ambulatorio)
3- Fallecido en emergencia
4- Fuga
5- Hospitalizado
6- Referido a otro establecimiento
7- No especificado

Diagnóstico: (especificar la naturaleza y el sitio anatómico de la lesión):

Nombre del Medico:

Hoja de ingreso

Hoja de anamnesis y exploración física

Este documento recoge información sobre:

- La anamnesis: en ella se encuentra lo que el paciente explica en la consulta, como puede ser el motivo de la misma, su enfermedad actual, antecedentes personales y familiares, antecedentes patológicos (los cuales irán ordenados por órganos y sistemas) y todos aquellos datos que sean de interés clínico.
- La exploración física que se le realice al paciente irá ordenada por aparatos y sistemas.
- El diagnóstico diferencial, la orientación diagnóstica, el plan de estudio y el plan terapéutico inicial.

La realización de la recogida de datos se realiza mediante unos cuestionarios en los que las preguntas siguen un orden establecido. Dichos cuestionarios suelen llevar un orden cerrado o únicamente aparecerá en ellos el encabezamiento.

Sabía que...

Es probable que en algunos de ellos haya dibujos del cuerpo humano o de alguna de sus partes, puesto que este método hace que la asistencia prestada sea de mayor calidad y facilita la consulta posterior de la historia clínica.

Historia Clínica

Fecha de elaboración: __________ _____ _____

Interrogatorio

1. Ficha de Identificación

Nombre ____________________ ____________________ Edad ______ *años* Sexo ☐ M ☐ F

Edo. Civil ☐ Casado(a) ☐ Soltero(a) ☐ Div ☐ Viudo / Ocupación ____________ Origen ________ Reside ________

Domicilio ________________________ Teléfono ____________ __________

Religión __________ Escolaridad __________________ e-mail ____________________

2. Antecedentes

a) Heredo Familiares

**Marcar todas las que apliquen y especificar quien la ha padecido*			
	☐ Diabetes ______	☐ Hipertensión ______	☐ Cardiopatía ______
	☐ Hepatopatía ______	☐ Nefropatía ______	☐ Enf. Mentales ______
	☐ Asma ______	☐ Cáncer ______	☐ Enf. Alérgicas ______
	☐ Enf. Endócrinas ______	☐ Otros ______	
	☐ Interrogados y Negados		

b) Personales Patológicos

*Marcar todas las que apliquen y especificar

- ☐ Enfermedades actuales ____________ ____________
- ☐ Quirúrgico s ____________ ____________
- ☐ Transfusionales ____________ ____________
- ☐ Alergias ☐ Ninguna ☐ Si (especificar) ______ ______ ____________
- ☐ Traumáticos ____________ ____________
- ☐ Hospitalizaciones previas ____________ ____________
- ☐ Adicciones ____________ ____________
- ☐ Otros ____________ ____________

c) Personales No patológicos

Hábitos personales. Baño ☐ diario ☐ c/3er d ía ☐ irregular / lav. dientes ☐ 1/día ☐ 2/día ☐ 3/día , / habitación ☐ urbana ☐ rural ☐ todos los servicios ☐ letrina ,

Tabaquismo ______ cig/día/ ______ años / Alcoholismo (beb/frec) ______ ______ ______ / Alimentación ______ veces/día ______ Calidad

Deportes (act. Física /f) ______ ______ Inmunizaciones ☐ Completas a edad ☐ Pendientes ______ última desparasitación ______

d) Gineco – obstétricos ☐ **NO aplica**

Menarca ______ Ritmo Menstrual (f/d/c) ______ ☐ Dismenorrea / FUM ______ IVSA ______ No Parejas ______

G____ A____ P____ C____ FPP______ FUP ______ Menp /Climaterio ______

Mét. Planificación : ______ Cit. vaginal: ______ Ex. Mamas/Mastografía: ______

3. Padecimiento Actual (1 principio, 2 evolución, 3 estado actual)

Hoja de anamnesis

4. Síntomas Generales

☐ Astenia ☐ Adinamia ☐ anorexi a ☐ fiebre ☐ pérdida de peso

5. Interrogatorio por aparatos y sistemas

Aparato digestivo . Halitosis, boca seca, disfagia(odino), pirosis, nausea, vomito , (hematemesis), dolor abd. meteorismo y flatulencias, constipación, diarrea , rectorragia, me lena , pujo y tenesmo, Ictericia coluria y acolia , prurito cutáne o.	☐ Sin datos patológicos
Aparato cardiovascular . Disnea, tos , hemoptisis , dolor precordial , palpitaciones , cianosis edema y manifestaciones perifericas (acúfenos, fosfenos, síncope, lipo timia, cefalea, etc)	☐ Sin datos patológicos
Aparato respiratorio . Tos, disnea, dolor tor ácico, hemoptisis, cianosis , vomica, alteraciones de la voz.	☐ Sin datos patológicos
Aparato Urinario . Alteraciones de la micción (poliuria, anuria, polaquiuria,ol iguria, nicturia, opsiuria, disuria , tenesmo vesical, urgencia, chorro, enuresis, incontenincia) caracteres de la orina (volumen, olor, color , aspecto) dolor lumbar, edema renal, hipertensión arterial, datos clínicos de anemia.	☐ Sin datos patológicos
Ap arato genital . Criptorquidia, fimosis, función sexual. Sangrado genital, flujo o leucorrea, dolor ginecológico, prurito vulvar.	☐ Sin datos patológicos
Aparato hematológico . Datos clínicos de anemia (palidez, astenia, adinamia y otros) , hemorragias, aden opatías, esplenomegalia.	☐ Sin datos patológicos
Sistema endocrino . Bocio, letargia bradipsiquia (lalia), intol. calor/frio, nerviosismo, hiperquinesis, carac. sexuales, galactorrea, amenorrea, ginecomastia, obesidad, ruborización.	☐ Sin datos patológicos
Sistema osteomuscular . ganglios, xeroftalmia, xerostomia, fotosensibilidad artralgias/mialgias, Raynaud.	☐ Sin datos patológicos
Sistema nervioso . cefalea, síncope, convulsiones, deficit transitorio, vertigo, confusion y obnub., vigilia/sueño, paral isis y M, marcha y equilibrio, sensibilidad.	☐ Sin datos patológicos
Sistema sensorial . visión, agudeza, borrosa diplopia, fosgenos, dolor ocular, fotofobia, xeroftalmia, amaurosis, otalgia, otorrea y otorragia, hipoacusia, tinitus, olfacción, epistaxis, secreción, Geusis, Garganta (dolor) Fonación.	☐ Sin datos patológicos
Psicosomático . Personalidad , ansiedad, depresión, afectividad, emotividad, amnesia, voluntad, pensamiento, atención, ideación suicida , delirios.	☐ Sin datos patológicos

6. Diagnósticos y terapéutica empleados anteriormente

Exploración física

1. Signos Vitales

TA: mmHg / FC: lpm / FR: rpm / Temp. °C / Peso Kg / Talla cm

2. Exploración general

Ed o. Conciencia: ☐ Orientado ☐ Desorientado / Hidratación : ☐ Buena ☐ Deshidratado / Coloración: ☐ Adecuada ☐ Palidez ☐ Ictérico
Marcha ☐ normal ☐ Alt. Marcha ____________ / Otras alteraciones:

3. Exploración regional (inspección, palpación, percusión, auscultación, comb.) **Marca según corresponda y describe**

1. cabeza	☐ Normocéfalo / Cabello: ☐ Bien implantado ☐ Alopecia / Pupilas ☐ isocóricas ☐ anisocória
	Faringe: ☐ Normal ☐ Hiperemia ☐ Exudado pur ulento / Amígdalas : ☐ Normales ☐ Hipertróficas ☐ exudado purulento
	Nariz : ☐ Fosas permeables ☐ Obstruidas ☐ Alterada / Adenomegalias : ☐ No palpables ☐ submandibulares ☐ Retroauriculares
2. cuello	☐ Cilíndrico ☐ Tráquea central ☐ Crecimiento tiroideo / Adenomegalias : ☐ No palpables ☐ Posteriores ☐ anteriores ☐ supraclavicular
	Pulsos ☐ palpables ☐ simétricos ☐ Alterados
3. tórax	☐ Normolíneo ☐ Tonel ☐ Excavado / Mov. Resp. ☐ simétricos ☐ asimé tricos / Campos pulmonares ☐ Bien ventilados ☐ Alterado
	Ruidos cardiacos: ☐ Adecuada frecuencia ☐ Rítmicos ☐ Alterado
	Adenomegalias axilares ☐ No palpables ☐ Presentes (describir)
4. abdomen	☐ Plano ☐ Globoso / ☐ Blando y Depresible ☐ Resistencia ☐ Abdomen en madera
	Dolor a la palpación: ☐ No ☐ Si (Describir)
	Visceromegalias ☐ No palpable ☐ Hepatomegalia ☐ Esplenomegalia Peristalsis ☐ Normal ☐ Alterada (describir)
5. miembros	Superiores ☐ Íntegras ☐ simétricas ☐ pu lsos palpables ☐ Alteradas
	Inferiores ☐ Íntegras ☐ simétricas ☐ pulsos palpables ☐ Alteradas
6. genitales	

Impresión diagnóstica	
Tratamiento	

Tomatetumedicina. wordpress.com

Hoja de anamnesis (continuación)

Hojas de evolución médica o de curso clínico

En estos documentos se encuentran registradas de manera diaria las incidencias que se han producido, hallazgos exploratorios y pruebas complementarias que se hayan realizado. En ellos, se pondrá diariamente la fecha y firma del facultativo que haya visitado al paciente.

Órdenes médicas

En ellas se ponen de manifiesto todas las prescripciones terapéuticas. Todas las órdenes médicas deben darse por escrito, con la fecha y la hora de prescripción de la misma y, a su vez, han de estar firmadas por el médico que atiende al paciente en ese momento.

Hospital del Sur

HOJA DE EVOLUCIÓN ENFERMERA

1° Apellido: ....
2ª Apellido: ....
Nombre: ....
Cama: ....
Edad: .... Teléfono:
Nº HISTORIA
Servicio: ....

UNIDAD .... ITT/TLF .... CAMA ....

Fecha comienzo .... Hoja Nº ... ALERGIA: ☐ NO CONOC. ☐ SI A ....

DIA/MES TURNO	

Hoja de evolución y orden médica

Hoja de prescripción de medicamentos

En ella se indican los medicamentos y sueros que se le han de administrar al paciente, según la prescripción médica. Este documento está organizado en varias casillas y cada una de ellas equivale a una receta, por lo que en ellas se incluirá el nombre del fármaco, dosis, pauta y vía de administración. También se pondrá la fecha, nombre y firma del médico que la ha prescrito.

ANEXO II

Servicio Andaluz de Salud
CONSEJERÍA DE SALUD

ORDEN DE ENTREGA DIRECTA DE PRODUCTOS SANITARIOS DEL SISTEMA PÚBLICO DE ANDALUCÍA

Datos del paciente: 08X9235/77
Centro: El cónsul (Málaga)
Nombre y apellidos: María Pérez Pérez
Diagnóstico (si procede):
Año de nacimiento: 1955
NUSS/NUHSA: AN123456789

Espacio para etiqueta de identificación (si procede)

ORDEN DE ENTREGA DIRECTA:

DENOMINACIÓN GENÉRICA DEL PRODUCTO	NÚMERO DE UNIDADES A ENTREGAR	DÍAS DE TRATAMIENTO
AMOXICILINA + ACIDO CLAVULANICO RATIOPHARM EFG Comp. recub. 875/125 mg	1	8

Fecha:
15 / marzo /2025

Observaciones:

Datos de identificación del profesional:
Nombre y apellidos: Antonio Martín Díaz
C.N.P.: 1234567
Titulación: Dr.

Firma:

Hoja de prescripción

Nota

Este documento consta de una hoja original y otra autocopiable de diferente color, la cual será remitida al servicio de farmacia.

Hoja de interconsulta

Procedimiento mediante el cual, a petición de un médico, otro revisa la historia médica del paciente, lo explora y realiza recomendaciones sobre su asistencia y tratamiento. Dicho documento ha de ir firmado y sellado por el médico.

Solicitud-Recepción de Interconsulta Médica

UNIDAD MEDICA		FECHA DE SOLICITUD	HORA
NOMBRE DEL PACIENTE (APELLIDO PATERNO, APELLIDO MATERNO Y NOMBRE(S))		EXPEDIENTE	CAMA
SERVICIO QUE SOLICITA LA INTERCONSULTA	NOMBRE DEL MEDICO SOLICITANTE		
MOTIVO DE LA INTERCONSULTA			
SERVICIO AL QUE SE LE SOLICTA LA INTERCONSULTA	NOMBRE DEL MEDICO QUE RECIBE LA SOLICITUD		
		FECHA DE RECIBIDO	HORA

SOLICITO
(NOMBRE Y FIRMA DEL MÉDICO)

RECIBIO
(NOMBRE Y FIRMA DEL MÉDICO)

217B21302-004-04

Solicitud de interconsulta

Informe de exploraciones complementarias

Una exploración complementaria es una prueba diagnóstica que solicita el médico y que se realiza al paciente tras una anamnesis y exploración física, para confirmar o descartar un diagnóstico clínico.

Las pruebas complementarias pueden ser de distintos tipos:

- Pruebas de laboratorio o análisis clínicos: suelen ser análisis químicos o biológicos de muestras de fluidos corporales como sangre, orina, heces, líquido cefalorraquídeo, semen, etc.

Hospital del Sur

Solicitud de Laboratorio

UNIDAD MÉDICA			EXPEDIENTE	
NOMBRE DEL PACIENTE		EDAD	GENERO MASC ☐ FEM ☐	
FECHA DE SOLICITUD	FECHA DE ENTREGA DE RESULTADOS	HOSPITALIZACION ☐	CONSULTA EXTERNA ☐	URGENCIAS ☐
MEDICO	SERVICIO		CAMA	

☐ HEMATOLOGIA - INMUNOLOGIA

20112	FORMULA ROJA							
	Hemoglobina	(g/dl)	20107	Plaquetas	/mm3	19223	Células LE	
	Hematocrito	%	20109	V.S.G.	mm/h	19213	Antiestreptolisinas	
	CMHG ____ % VCM ____	MC	20108	Reticulocitos	%	19214	Proteína C Reactiva	
	Hematíes	mm3	20127	T. Sangrado	min	19215	Factor Reumatoide	
20113	FORMULA BLANCA		20131	T. Protombina	seg	19208	V.D.R.L.	
	Leucocitos	%		Testigo	seg	19205	Reacciones Febriles	
	Linfocitos	%	20132	T.P.T	seg		Tífico "O"	
	Monocitos	%		Testigo	seg	19207	Rosa de Bengala	
	Eosinófilos	%	20133	T. Trombina	seg	19835	C.H.G.C. ____	U/l
	Basofilos	%		Testigo	seg	19836	H.G.C. (P.I.E.)	
	Segmentados	%	20136	Fibrinógeno	mg/dl			
	Bandas	%	20116	Grupo Sanguíneo				
	Metamielocitos	%		Factor Rh D				
	Mielocitos	%	19231	Coombs Directo				
				Coombs Indirecto				
	Anormalidades		19232					

☐ QUIMICA SANGUÍNEA

19301	Glucosa	mg/dl						
19304	Urea	mg/dl	19301	Glucosa postprandial	mg/dl	19312	H.D.L. Colesterol	mg/dl
19306	Creatinina	mg/dl		1 hora ____ 2 horas	mg/dl	19312	L.D.L. Colesterol	mg/dl
19307	Acido úrico	mg/dl	18308	Bilirrubina total	mg/dl	19410	C.P.K. Total	U/l
19312	Colesterol	mg/dl		Dir ____ Indir	U/l	19612	Calcio	mg/dl
19702	Triglicéridos	mg/dl	19403	Fosfata alcalina	U/l	19611	Fósforo	mg/dl
19309	Proteínas Totales	gr/dl	19404	Fosfata ácida	U/l	19609	Magnesio	mEq/l
19620	Albúmina	gr/dl	19405	Fracción Prostática	U/l	19601	Sodio	mEq/l
	Globulina	gr/dl	19401	T.G.O. (AST)	U/l	19602	Potasio	mEq/l
	Relación A/G		19402	T.G.P. (ALT)	U/l	19613	Cloro	mEq/l
19303	Tolerancia a la Glucosa:		19408	Amilasa	U/l	19512	Depuración de creatinina	
	Glucosa Basal	mg/dl	19409	Lipasa	U/l			ml/min
	Glucosa 60 minutos	mg/dl	19406	LDH		19410	C.K.M.B.	U/L
	Glucosa 120 minutos	mg/dl						

☐ 20201 EXAMEN GENERAL DE ORINA

Aspecto	Color	Densidad	pH	Glucosa
Proteínas	Acetona	Hemoglobina	Bilirrubina	Nitritos
Urobilinógeno	Leucocitos	Eritrocitos	Cilindros	Bacterias
Cristales		Otros		

☐ BACTERIOLOGÍA – PARASITOLOGÍA

	CULTIVOS	20002	Coproparasitoscópico	20106	Microscopias
19105	Faringeo		1		Tinción de Gram
19105	Nasal		2		Tinción de BAAR
19105	Otico		3		Tinta china
19105	Urocultivo	20008	Amiba en fresco		
19105	Hemocultivo		Graham		RESULTADOS
19105	Vaginal		Plasmodium		Microorganismo aislado
19105	Coprocultivo		Sangre oculta en heces		
19105	Espermocultivo		Otros estudios en heces		
19105	Expectoración		Espermatobioscopía		
19105	Uretral		Eosinofilos en moco nasal		
19105	Líquido Cefalorráquideo				
19105	Ocular				
19105	Otros				

☐ PRUEBA DE SENSIBILIDAD

1. Amikacina	2. Ampicilina	3. Carbenicilina	4. Cefalotina	5. Cefotaxima	6. Cefotaxima
7. Cloranfenicol	8. Gentamicina	9. Netilmicina	10. Nitrofurantoina	11. Pefloxacina	12. TMP-SMX
13. Cefuroxima	14. Dicloxacilina	16. Tetraciclina	17. Ceftazidina	18. Eritromicina	19. Lincomicina
20. Penicilina		S= Sensible		R= Resistente	

ELABORO

Nombre y Firma

Hoja de análisis clínico

- Pruebas de imagen: son exámenes de diagnóstico donde se visualiza el cuerpo humano con pruebas basadas en:
  - Radiodiagnóstico, como pueden ser la radiografía y la tomografía axial computerizada.
  - En magnetismo, como la resonancia magnética nuclear.
  - Medicina nuclear, como las gammagrafías y la tomografía por emisión de positrones.
  - En ultrasonido, como la ecografía.
- Pruebas endoscópicas: visualizan el interior de cavidades u órganos huecos del cuerpo, como la colonoscopia.
- Anatomía patológica: pruebas que analizan una muestra de tejido o biopsia o una pieza quirúrgica tras una cirugía. También incluye las citologías.
- Electrogramas: electrocardiograma (ECG), electroencefalograma (EEG) y electromiograma (EMG).
- Estudios alergológicos a fármacos, animales, vegetales, etc.
- Espirometrías.

Las pruebas complementarias se podrán solicitar mediante:

- **Pruebas paralelas:** realización de varias pruebas simultáneamente, aumentando así la probabilidad de realizar un diagnóstico más concreto.
- **Pruebas complementarias en serie:** realización de pruebas complementarias según los resultados obtenidos en otras pruebas previas.

Nota

Las pruebas en serie tienen el riesgo de no poder diagnosticar algunas patologías.

Informe de necropsia

En algunos casos, se puede llegar a considerar como una hoja de interconsulta o como una prueba complementaria. Recoge el procedimiento y la información obtenida del examen post mortem que se realiza a algunos fallecidos.

MINISTERIO PÚBLICO
INSTITUTO DE MEDICINA LEGAL

CERTIFICADO DE NECROPSIA

EL MÉDICO QUE SUSCRIBE CERTIFICA:
Que el día 30 de marzo de 2025
el cadáver de: JUAN PÉREZ PÉREZ Fue necropsiado en este servicio
Registrado con el Nº: 12345678912345
Cuya causa se Muerte es:

EDEMA CEREBRAL - EDEMA PULMONAR

Agentes causantes:

en estudio

LIMA, 31 de Marzo de 2025

MINISTERIO PÚBLICO
División de Tanatología Forense

ANTONIO GARCÍA DÍAZ
CMP: 42928
MÉDICO LEGAL

Certificado de necropsia

Impreso de consentimiento

Es el documento destinado a informar al paciente sobre su estado de salud y sobre las alternativas que puede llevar a cabo para mejorar su diagnóstico y a la vez perfeccionar su tratamiento. Se complementa con las aclaraciones dadas por el facultativo.

Impreso de alta voluntaria

Es el documento en el que el paciente, o su responsable legal, dejan constancia de la decisión que han tomado, aunque esta sea en contra de la opinión de los médicos que le atienden, asumiendo así todas las consecuencias sobre su salud que pudieran derivarse de dicha decisión. Ha de ser firmado por el interesado, dejando por escrito su DNI y la fecha y hora. Es posible que el interesado exprese los motivos por los que ha tomado dicha decisión.

Nota

Dicho documento se completará con el enterado del médico.

Informe quirúrgico

En él debe registrarse el diagnóstico preoperatorio, a la vez que se identificará todo el personal que ha participado en la intervención, como cirujanos, anestesistas e instrumentistas. Se debe indicar el tipo de anestesia utilizado y se ha de describir la técnica o procedimiento quirúrgico, la hora de inicio y fin de la intervención, incidencias durante esta, hallazgos operatorios y el diagnóstico postoperatorio. Se terminará con el documento firmado y fechado por parte del cirujano responsable.

Nota

En los partos, se rellena un documento similar al anterior, el cual incluirá la identificación de la matrona que lo ha atendido, la cual será la responsable de firmar el documento una vez finalice.

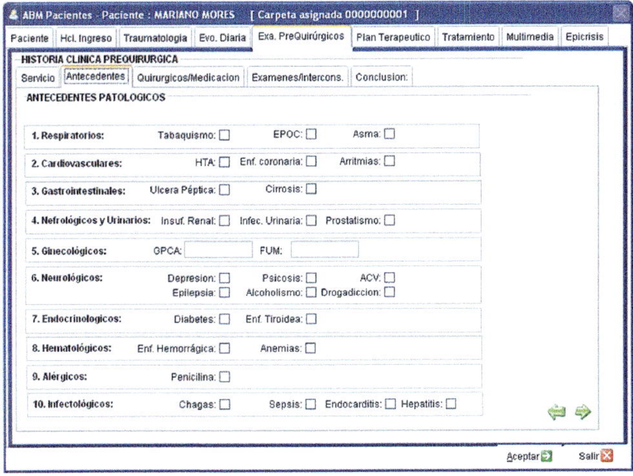

Aplicación telemática para realizar el informe quirúrgico

Informe de anestesia

Este informe recoge el trabajo realizado por el anestesista, en el cual se incluye el reconocimiento inicial que se le realizó en su día y la actuación preoperatoria, intraoperatoria y aquellas realizadas en el postoperatorio inmediato, que es cuando el paciente se encuentra bajo su vigilancia.

Nota

El informe de anestesia puede constar de hoja de preoperatorio, hoja de anestesia y de reanimación.

Hoja de Trabajo de Anestesia **Autorizado por:**

Anestesista:
Fecha:
Facultativo:
Hospitalización:

Procedimiento:

Peso: **Edad:**

Colocar pegatina de la historia/escribir datos de la pegatina.

Exploración Prequirúrgica:
Temp **FC** **FR** Jadeo ☐ TRC

Hidratación: Normal / Semideshidratado / Deshidratado

Pulso: Fuerte / Débil / Impalpable / No coincidente / FRIS

Ausc.Cardiaca: Normal / Soplo / Arritmia / Arr.fisiológica
Ausc.Pulmonar: Normal / Silencios / Ruidos anormales

Mucosas:
Normal / Pálidas / Congestivas / Ictéricas / Cianóticas
Carácter:
Tranquilo / Nervioso / Alerta / Deprimid./ Letárgico / Postrado

Prequirúrgico
Htc : Hb: **Prot** :
GR: GB: Plaq:
Neutrofilos: Linfocitos: Eosinófilos:
Monocitos: Basófilos:
Glucosa: **Urea:** **Creatinina**:
ALT (GPT):
Na^{+}: K^{+}: Cl^{-}: Ca:

ECG prequirúrgico:

Radiología Previa:

Valoración ASA: I ☐ II ☐ III ☐ IV ☐ V ☐ E ☐
Razones:
Anticipación de Complicaciones:
(preoperatorias, intraoperartorias, postoperatorias, edad, peso, procedimiento quirúrgico, condición física, dolor, etc.).

Protocolo Anestésico Propuesto (incluir las razones por las que se utiliza en este paciente):
(incluir fármacos de premedicación, inducción, mantenimiento, posoperatorios, flujo de oxígeno, antibioterapia

FÁRMACO	VÍA ADM.	DOSIS/kg	MG	ML	JUSTIFICACIÓN DE SU USO

MONITORIZACIÓN: ECG ☐ Fonendo esogágico ☐ Pulsioximetría ☐ Temperatura ☐ Capnografía ☐ NIBP ☐ Línea Arterial ☐
Presión Venosa Central ☐ Gasometría ☐ Otros

MÁQUINA DE ANESTESIA: Matrix ☐ Camilla ☐ Cicero ☐ Julian ☐ SA2 ☐ Otra
FLUIDOTERAPIA IV Dosis ml/kg/h Velocidad ml/h
Gotas/min Gotas/segundo
Sistema de Administración: S. microgoteo(60 gotas/ml) ☐ S. goteo normal (20 gotas/ml) ☐ Bomba de Infusión ☐

Informe de anestesia

Informe de alta médica

Esto ocurre cuando un paciente deja de ocupar una cama hospitalaria por haberse curado, por que haya que trasladarlo a otro centro o por cualquier otro motivo. En el informe de alta se indica de manera resumida la asistencia hospitalaria que se le ha prestado al paciente, incluyendo otros datos como:

- Identificación del centro, servicio o unidad y del facultativo responsable.
- Identificación del paciente.
- Resumen del proceso asistencial y se nombrará a los profesionales que han realizado el seguimiento del paciente, tratamiento, etc.

Hospital del Sur

INFORME DE ENFERMERÍA AL ALTA

1º Apellido: ....
2º Apellido: ....
Nombre: ....
Cama: ....
Edad: .... Teléfono:
Nº HISTORIA
Servicio: ....

UNIDAD .... ITT/TLF .... CAMA ....

ALERGIA : NO CONOCIDAS SI A ....

EVOLUCIÓN DE ENFERMERÍA

VALORACIÓN ACTUAL DE LAS NECESIDADES

NECESIDAD	Normal	Alter	Ayuda	NECESIDAD	Normal	Alter	Ayuda
RESPIRACIÓN				EST. EMOCIONAL			
ALIM. HIDRAT.				RELACIONES			
ELIMINACIÓN				SEGURIDAD			
ACTIVIDAD/REPOSO							

1 Zona de lesión .... Tipo .... Tamaño ....
Tratamiento .... Frecuencia .... Fecha inicio ....
2 Tipo de sonda .... Nº.......... Fecha última colocación ____/____/____
3 Otros .... Tipo.......... Fecha última colocación ____/____/____

PROBLEMAS DE SALUD

1 ....
2 ....
3 ....
4 ....

CUIDADOS ENFERMEROS

Informe realizado por

Fecha Firma

Hoja para informe de alta

Registro de enfermería

En este registro se van a indicar todas las atenciones que se le han prestado al paciente durante su estancia en el hospital. Consta de los siguientes documentos:

- **Hoja de ingreso y valoración de enfermería:** documento elaborado por el enfermero, en él se recogen datos como la medicación habitual, hábitos alimentarios y de eliminación, agudeza visual y auditiva, etc. Se ha de evitar realizar preguntas que ya vienen incluidas en la hoja de ingreso o en la historia clínica.

- **Hoja de planificación y cuidados de enfermería,** en la que se indica:

  - Plan de cuidados.
  - Modificaciones realizadas, razonadas.
  - Cuidados realizados por el equipo de enfermería, donde se incluyen tanto los prescritos por el médico como los propios de la atención de enfermería.
  - Todas las incidencias que se observan durante la asistencia al paciente. Todo el personal que atienda a dicho paciente deberá firmar este documento y dejar constancia en él de la fecha y hora en la que se ha realizado la cura, el cuidado, etc.

Hoja de terapia

Es donde se registran los medicamentos que se han administrado a los pacientes, siguiendo las pautas establecidas en las órdenes médicas y en la hoja de prescripción de medicamentos. El personal que la administra deberá firmar siempre dicho documento. Si por alguna razón no se llevara a cabo la prescripción, se ha de dejar reflejado el motivo por el cual no se ha realizado.

Gráfica de signos vitales

En ella se registran pulso, presión arterial, frecuencia respiratoria, temperatura, diuresis, etc., durante la estancia del paciente en el hospital.

Sabía que...

En las unidades de cuidados intensivos, se dispone de unas gráficas más meticulosas, que utilizan unos códigos de colores para destacar los datos más relevantes.

Informe de alta de enfermería

Este documento refleja la atención de enfermería que el paciente va a precisar al salir del hospital y en él se recogerá una valoración de la capacidad del paciente para satisfacer sus necesidades durante la estancia. Al igual que en el resto de documentos, en este el personal facultativo habrá de firmar y poner la fecha del día de expedición del informe.

A su vez, también se puede encontrar una serie de documentación que se podría clasificar como documentación no clínica, la cual tiene como función organizar, coordinar y gestionar tanto los recursos humanos como materiales, ya que para la gestión de todo esto se necesita de documentos administrativos, los cuales no han de formar parte de la documentación clínica propiamente dicha.

La documentación clasificada como no clínica tiene como finalidad el facilitar la comunicación interna entre varias instituciones o centros, los cuales estén relacionados entre sí.

Ejemplo

Hospital de referencia → Hospital comarcal.

Centro de salud → Centro de atención especializada.

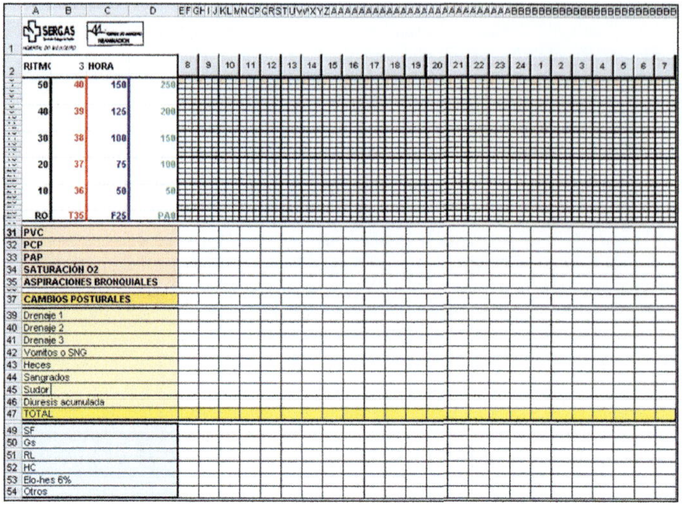

	A	B	C	D	8	9	10	11	12	13	14	15	16	17	18	19	20	21	22	23	24	1	2	3	4	5	6	7
1	SERGAS																											
2	RITM(	3 HORA																										
	50	40	150	250																								
	40	39	125	200																								
	30	38	100	150																								
	20	37	75	100																								
	10	36	50	50																								
	RO	T35	F25	PA0																								
31	PVC																											
32	PCP																											
33	PAP																											
34	SATURACIÓN O2																											
35	ASPIRACIONES BRONQUIALES																											
37	CAMBIOS POSTURALES																											
39	Drenaje 1																											
40	Drenaje 2																											
41	Drenaje 3																											
42	Vomitos o SNG																											
43	Heces																											
44	Sangrados																											
45	Sudor																											
46	Diuresis acumulada																											
47	TOTAL																											
49	SF																											
50	Gs																											
51	RL																											
52	HC																											
53	Elo-hes 6%																											
54	Otros																											

Hoja de control de enfermería

2.2. Intrahospitalarios

Los documentos intrahospitalarios son aquellos que circulan entre el personal hospitalario. Estos documentos pueden clasificarse como clínicos, ya que están relacionados en mayor o menor medida con la atención del paciente.

Los más importantes son los que se describen a continuación.

Historia social

Es aquella que describe la situación familiar y socioeconómica. Esta, a su vez, puede ser archivada en la historia clínica.

Hoja de seguimiento

Este documento corresponde al servicio de atención al usuario, el cual en determinados lugares a su vez engloba también a los asistentes sociales, que serán los que utilizarán este documento con la finalidad de poder resolver los problemas sociales que entorpezcan la salud del paciente.

Planificación de pruebas complementarias

Indican el día de solicitud de la prueba, el día en que se prevé su realización, el día en que se ha llevado a cabo y las incidencias que se hubieran observado.

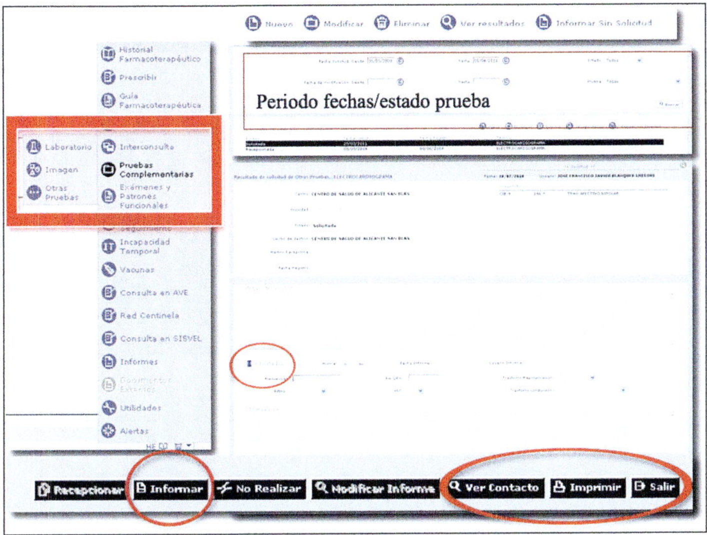

Control de pruebas clínicas mediante aplicación telemática

Recuerde

Los documentos intrahospitalarios pueden clasificarse como clínicos, ya que están relacionados en mayor o menor medida con la atención del paciente.

Solicitud de pruebas complementarias

Esta petición será llevada a cabo por el médico del paciente que las ha solicitado. En ella, se indicará el día de solicitud. La persona que recibe dicha solicitud será la encargada de efectuar los trámites pertinentes para que la prueba se lleve a cabo.

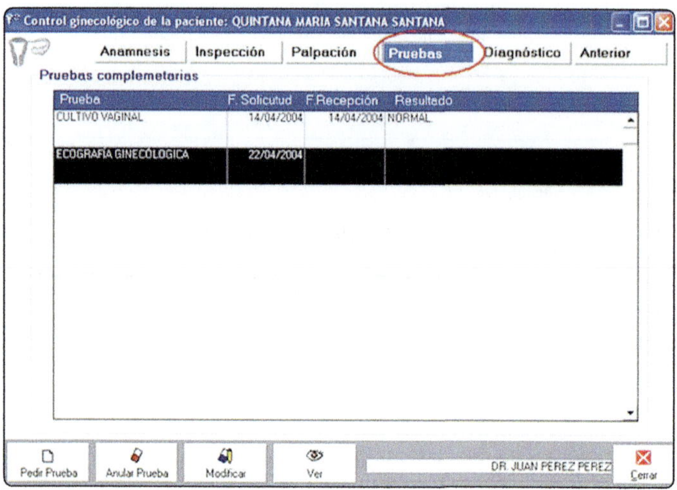

Petición de pruebas complementarias de manera telemática

Nota

Para la valoración del resultado de dicha prueba y su interpretación, el documento deberá volver al médico.

Solicitud de historias clínicas

Para poder visualizar una historia clínica en el programa informático, será suficiente con la introducción de los datos personales del paciente.

ATENCIÓN PRIMARIA
SECTOR III
Condes de Aragón, 30
50009 Zaragoza
Tfno.: 976 750 750

SOLICITUD DE HISTORIA CLINICA

Fecha Petición:	

UNIDAD PETICIONARIA

Médico actual:	
Centro actual:	
Dirección del centro:	
Ciudad (C.P.)	
Teléfono:	

DATOS USUARIO

Apellidos y Nombre	Fecha de Nacimiento	DNI
Dirección	**Teléfono**	**Localidad**

Médico anterior:	
Centro anterior:	
Dirección Centro:	
Ciudad (C.P.)	
Teléfono.	

MOTIVO SOLICITUD

	Por residir actualmente en esta Zona Básica de Salud
	Otros (especificar):

El Responsable del Centro Solicitante,

Fdo:__________________

Autoriza el traslado de la Hª. Clínica,

D/ª__________________

DNI__________________

(*) En caso de que el solicitante no sea el titular y la historia clínica corresponda a un menor de 16 años o persona incapacitada, es necesario acreditar el derecho legal de acceso (libro de familia o resolución judicial sobre tutoría legal)

Solicitud de historia clínica

Nota

Si la historia clínica se encontrara en soporte papel, será necesario que el docente indique los motivos por los cuales solicita la misma, si no es una historia reciente, y se habrá de identificar con su firma.

Solicitud de dietas

Aunque generalmente las dietas se piden todas a la vez, en determinados momentos algunas de ellas son personalizadas para cada paciente.

Lista de trabajo

Sirven para organizar las tareas.

Ejemplo

La lista de trabajo en el departamento de laboratorio ayuda a los profesionales a organizarse el trabajo diario.

Otros documentos

En este apartado se deberán incluir todos aquellos documentos que permitan a los profesionales sanitarios comunicarse dentro del hospital o fuera de él.

2.3. Prehospitalarios

Son todos aquellos documentos en los cuales puede suceder que el emisor, el receptor o ambos no se encuentren en el propio centro hospitalario.

Los más importantes son los siguientes.

Solicitud de informe médico

Esta solicitud la rellena el paciente con la finalidad de poder obtener un informe médico sobre su estado de salud. En ocasiones, también se utiliza para pedir los resultados de pruebas complementarias realizadas.

Parte al juzgado de guardia

En este documento se describen las lesiones con las que el paciente llega al hospital y es el que se utilizará en el supuesto caso de que exista sospecha de violencia o criminalidad.

Impreso de reclamación y sugerencias

En él se indican todos los datos de la persona que realiza la reclamación y los motivos por los que lo hace. Es muy importante que aparezca la fecha y el lugar donde se han producido los hechos. Se ha de firmar una vez esté relleno y se adjuntarán todas las pruebas que se consideren necesarias.

Justificante de visita médica

Este tipo de documento se facilita cuando alguien de manera particular lo solicita al centro, con la finalidad de acreditar su estancia en dicho centro, el día, la hora y el servicio en el que ha sido atendido.

2.4. Intercentros

Los documentos de intercentro se utilizan para comunicar el estado del paciente en el momento del traslado de un centro sanitario a otro. Un documento intercentro específico es el conocido parte de ambulancia, en el cual deberá aparecer la patología, tratamiento y cómo debe ir asistido el paciente durante el trasporte, así como cualquier indicación que deba saber el equipo de la ambulancia con la finalidad de evitar posibles complicaciones.

Importante

Es esencial que se especifique a qué unidad diagnóstica va dirigido el paciente (rayos x, rehabilitación, etc.).

En la ambulancia, irán todos los documentos intercentros que se consideren necesarios para el centro que va a receptar al paciente.

Cada sistema de emergencias médicas tiene normalmente su propio modelo. La información básica que debe contener es:

- Datos básicos del paciente (datos administrativos).
- Origen y/o recogida del mismo y destino.

En cuanto a la tramitación, en primer lugar, la solicitud de traslado del paciente de un centro a otro tendrá que ser evaluada por el médico autorizado en subdirección médica. Este deberá extender la interconsulta respectiva y la solicitud para el traslado, donde estará reflejado el diagnóstico, la causa del traslado, pronóstico del paciente, edad, previsión, centro al que se deriva y otros antecedentes de peso. Posteriormente, el subdirector médico dará el visto bueno en una hoja de interconsulta y solicitud del traslado. Es entonces cuando la oficina de coordinación solicita hora al nuevo centro del paciente. Después, el servicio clínico recibe una respuesta con la cita y da algunos datos del paciente al centro de destino.

El médico solicita un medio de transporte según el estado clínico del paciente y se informa al personal que acompañará al paciente de los preparativos para el traslado, tanto del paciente como de documentación.

Servicio Andaluz de Salud
CONSEJERÍA DE SALUD

REGISTRO DE TRANSPORTE INTRAHOSPITALARIO EN PACIENTE CRÍTICO

Fecha: Hora de Salida:

Hora de Llegada:

Nombre y Apellidos:
Cama:
Edad:
N.H.:

Diagnóstico:
Motivo del traslado:
Personal que lleva a cabo el traslado: Médico: D.U.E.
Consentimiento informado ☐ Sí ☐ No

MONITORIZACIÓN
P.A. Invasiva: ☐ Sí ☐ No
V.M.I.: ☐ Sí ☐ No
V.M.N.I.: ☐ Sí ☐ No
Oxigenoterapia: ☐ Sí ☐ No
Tipo: Gafas Nasales ☐ lpm: Ventimask ☐ lpm: % Mascarilla con reservorio ☐ lpm:
Catéteres y sondas:

S. Vesical:	☐ Sí ☐ No	C. Arterial::	☐ Sí ☐ No
S.N.G:	☐ Sí ☐ No	Periférico:	☐ Sí ☐ No
Marcapasos:	☐ Sí ☐ No	C. Swang Ganz:	☐ Sí ☐ No
C.V. Central:	☐ Sí ☐ No		

Drenajes: ☐ Sí ☐ No Tipo:
Perfusiones:

Drogas Vasoactivas	Norad: ☐ Sí ☐ No	Dopam: ☐ Sí ☐ No	Fluidos:
	Dobut: ☐ Sí ☐ No		
Sedación: ☐ Sí ☐ No			Relajantes Musculares: ☐ Sí ☐ No

HEMODINÁMICA POSTRASLADO

Presión Arterial:	Saturación 02:	Frecuencia cardiaca::

INCIDENCIAS:

Solicitud de para un transporte intercentro

Recuerde

Este tipo de documentos se utiliza para el traslado de los pacientes, bien sea de un centro de salud a un centro especializado, de un hospital a otro, etc.

Aplicación práctica

Antonio es un hombre de 30 años que ingresa en el hospital por el área de urgencias con varias heridas que hacen pensar que puedan ser de arma blanca. Una vez ingresado, llega una mujer de la misma edad con una única herida de arma blanca, quejándose de que la han herido.

Indique qué protocolo se ha de seguir, si tras haber realizado las investigaciones pertinentes se comprueba que ha sido Antonio quien ha herido a la mujer.

SOLUCIÓN

En primer lugar, se le realizarán a Antonio las curas pertinentes sobre las heridas que presenta y, a continuación, se rellenará un parte de juzgado de guardia, en el cual se indicará que existe la sospecha de que esta persona sea violenta, dadas las circunstancias. Dicho parte se enviará de manera urgente al juzgado, haciendo que Antonio se quede ingresado en el centro, en una situación tranquila, hasta que llegue la policía o alguien directo de los juzgados.

3. Documentos no clínicos

Son documentos cuya función es la coordinación con otras unidades del centro. Guardan relación con la gestión en el ámbito asistencial, administrativo y social. Se pueden considerar como documentos utilizados dentro del ámbito sanitario, pero con la función de documentos de gestión de recursos materiales y humanos, los cuales se utilizan en determinadas ocasiones como método de comunicación.

No obstante, son documentos administrativos utilizados para la gestión, organización y coordinación de recursos y características de las unidades que intervienen, para facilitar la comunicación dentro del centro o centros relacionados.

Ejemplo

En el área de cocina de un hospital, cuando el personal de cocina necesita suministrarse de víveres, realiza un pedido al departamento de dietética y víveres, mediante un documento de materias primas, en el cual se indica el producto que se necesita y la cantidad del mismo. Este documento, pese a que está tramitado dentro del centro hospitalario, no se puede considerar como documentación hospitalaria.

3.1. Formularios de actividad

Estos formularios se pueden definir como aquellos documentos que se utilizan para recoger la actividad realizada por la ambulancia y los servicios que pueda tener programados.

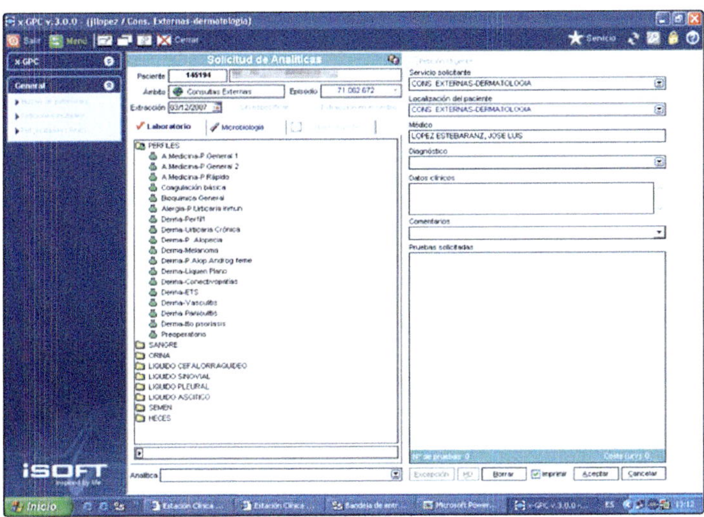

Formulario de actividad electrónico

Estos formularios, normalmente, son específicos de cada centro, aunque sean unidades diferentes. Estos son:

- Los ingresos o relacionados con el paciente como traslados, altas o defunciones.
- Las consultas o comunicaciones, como dietas, material pedido, esterilización, ropa de lavandería o farmacia. Además, también están las prescripciones médicas y el mantenimiento para cualquier problema de las instalaciones.

Entre los formularios de actividad, podrían incluirse:

- Historia social, en la cual se describe la composición de la familia y la situación socioeconómica del paciente. Normalmente, este documento se incluye en la historia clínica.

Ejemplo

Este formulario es útil a la hora de la tramitación del trabajador social para la solicitud de una silla de ruedas a la Seguridad Social.

- Hoja de seguimiento, impreso que demuestra las gestiones realizadas con anterioridad para solucionar problemas sociales.
- Impreso de derivación, para la realización de traslados de un paciente. Este documento es imprescindible en un traslado de transporte sanitario.

3.2. Revisión e incidencias

Los formularios de revisión son aquellos que reflejan el estado del vehículo desde el punto de vista mecánico, como puede ser el control de niveles, luces, acústica, etc, y desde el aspecto exterior.

Por otra parte, los formularios de incidencias se pueden definir como aquellos documentos que se utilizan para registrar incidencias de cualquier tipo producidas durante el turno de servicio.

3.3. Documentación legal del vehículo

La actividad del transporte sanitario está regulada por un grupo de leyes diferentes, las cuales han sido emitidas por cada uno de los ministerios o consejerías correspondientes. Las más importantes a nivel nacional son:

- Ley 16/1987, de 30 de julio, de ordenación de los transportes terrestres.
- Real Decreto 22/2014, por el que se aprueba el reglamento de la Ley de ordenación de transportes terrestres.
- Real Decreto 22/2014, de 17 de enero, por el que se establecen las características técnicas, el equipamiento sanitario y la dotación del personal de los vehículos de transporte sanitario por carretera.
- Real Decreto 70/2019, de 15 de febrero, por el que se modifican el reglamento de la ley de ordenación de los transportes terrestres y otras normas reglamentarias en materia de formación de los conductores de los vehículos de transporte por carretera, de documentos de control en relación con los transportes por carretera, de transporte sanitario por carretera, de transporte de mercancías peligrosas y del Comité Nacional de transporte por carretera.

El transporte sanitario requiere de una serie de certificaciones, permisos y autorizaciones, emitidos por cada uno de los órganos competentes, que garanticen el buen desempeño de la actividad.

En lo que a transporte sanitario por carretera se refiere, es necesario tener en orden la siguiente documentación:

- Permiso de circulación expedido por la Jefatura provincial de tráfico.
- Ficha técnica del vehículo: específica para el tipo de vehículo del que se trate. Esto va a depender del número de ocupantes que estén autorizados y de sus características técnicas.

- Certificación técnico-sanitaria: expedida por la Consejería de Sanidad correspondiente, tiene como función autorizar el uso del vehículo como transporte sanitario y el tipo de asistencia que presta.
- Tarjeta de transporte: visado que facilita la Consejería de Transporte o el que se homologa en la comunidad autónoma correspondiente, autorizando la actividad del transporte sanitario a la zona geográfica indicada en dicha autorización.
- Registro de desinfección del habitáculo y equipamiento.
- Registro de las revisiones del material sanitario.
- Registro de actividades: se especifican las actividades realizadas y las programadas.
- Libro de reclamaciones.

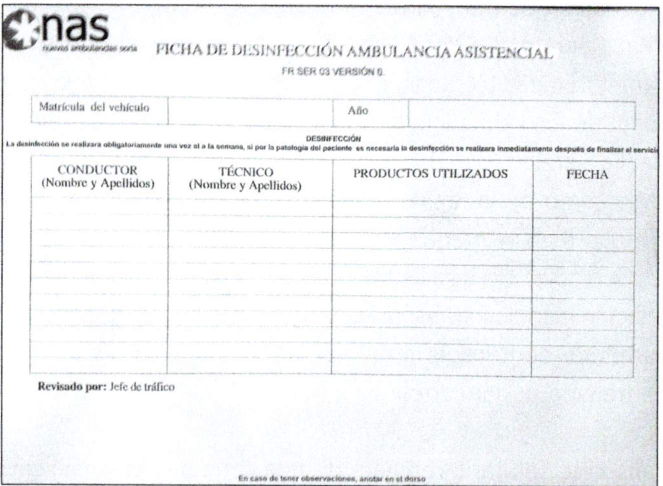

nas
nuevas ambulancias soria

FICHA DE DESINFECCIÓN AMBULANCIA ASISTENCIAL

FR SER 03 VERSIÓN 0.

Matrícula del vehículo		Año	

DESINFECCIÓN

La desinfección se realizara obligatoriamente una vez al a la semana, si por la patologia del paciente es necesaria la desinfección se realizara inmediatamente después de finalizar el servicio

CONDUCTOR (Nombre y Apellidos)	TÉCNICO (Nombre y Apellidos)	PRODUCTOS UTILIZADOS	FECHA

Revisado por: Jefe de tráfico

En caso de tener observaciones, anotar en el dorso

Ficha de desinfección de una ambulancia asistencial

Importante

En el transporte sanitario aéreo deben estar en regla, además de toda la documentación general, las certificaciones de navegabilidad, de industria y de la Consejería de Sanidad pertinente, así como la autorización para el transporte de enfermos o heridos, el registro de pasajeros, el libro de navegación, etc.

Es el responsable de una ambulancia y tiene los documentos, con su debida verificación del equipamiento sanitario. La desinfección ha sido realizada y la revisión diaria está en regla. Los celadores le ayudan a subir al paciente a la ambulancia en camilla, el cual lleva una bombona de oxígeno y no es colaborador, pero está estable. Los celadores le comunican verbalmente que tiene que trasladarlo hasta el otro hospital de especialidades de la ciudad, que está a unos 10 minutos, muy cerca. Con la información que tiene hasta ahora, ¿podría iniciar el transporte?

SOLUCIÓN

No podría realizar la marcha hasta que no tuviera en su poder toda la documentación intercentro que la vaya a ser necesaria al centro de destino, así como los permisos necesarios para poder salir, los cuales han de estar debidamente rellenados y firmados por los facultativos pertinentes, sin olvidar que se han de adjuntar todas las autorizaciones necesarias.

3.4. Documentos de objetos personales

En la mayoría de los casos en los que un paciente sea atendido de forma urgente, este portará una serie de objetos personales, que deberán ser retirados por el personal de asistencia sanitaria y depositados en una bolsa o depósito apropiado; además, se debe rellenar una hoja detallando dichos objetos.

Cada servicio de asistencia deberá contar con hojas para dicho fin, y esto será firmado por un testigo o por el familiar o persona de contacto o personal de seguridad a quien sean entregadas dichas pertenencias, si el enfermo no es capaz de custodiarlas por sí mismo.

4. Autorizaciones y permisos

La ambulancia, como vehículo de transporte, debe llevar una serie de documentos en regla, como es la revisión de ITV, y, en especial, por ser un transporte de tipo sanitario:

- Autorización administrativa para los rótulos de la carrocería que hacen referencia al tipo de ambulancia.

Ejemplo

La palabra "UVI" en el caso de ambulancias de soporte vital avanzado.

- Hojas de reposición de medicamentos, junto con sus correspondientes justificantes de uso.
- Libro de registro de servicios ofrecidos por la ambulancia, que van a depender del tipo de ambulancia que sea.

Ejemplo

Una ambulancia de soporte vital básico no puede ofrecer el servicio de transportar varias personas, ya que no tiene ese servicio registrado en su cometido.

- Documento de verificación de residuos sólidos, para poder utilizar contenedores afines al tipo de actividad que se lleve a cabo.

Además de la certificación del vehículo, la persona responsable de conducir la ambulancia deberá estar en posesión del carnet de conducir tipo B (siempre que el vehículo no supere los 3.500 kg y las 9 plazas) y tener el título de Técnico en Transporte y Emergencias Sanitarias.

Importante

Esta certificación técnico-sanitaria, a partir de dos años de antigüedad del vehículo, deberá renovarse anualmente, con una inspección previa de las características del vehículo y las características y elementos de la parte sanitaria.

4.1. Documentación geográfica

Lo más actual en cuanto a los sistemas de localización en las ambulancias son los dispositivos de localización inmediata y los terminales inteligentes.

Dispositivo de localización inmediata

Consiste en un sistema de gestión de flotas conectado con los operadores de cada provincia, gracias a lo cual se puede conocer la ubicación exacta del suceso. Por lo tanto, se puede informar a los usuarios del tiempo aproximado de llegada de la ambulancia hasta el lugar, recibiendo información por parte de la clínica acerca del paciente, que será atendido en el domicilio. Todo esto dará lugar a una reducción del tiempo de respuesta y facilitará el trabajo de los sanitarios.

Nota

Este sistema lleva incorporados un GPS, una impresora y un *router*.

Como se ha dicho, este sistema funciona cuando, en primer lugar, se recibe una llamada en el centro coordinador, se recopilan todos los datos de la petición de asistencia y se avisa al equipo de emergencias más próximo, al cual se le envía también la información del usuario y la localización al ordenador que lleva instalado la UVI móvil.

Los profesionales sanitarios que van en la UVI móvil visualizan los datos en la pantalla táctil que va puesta en el salpicadero, una vez aceptado el servicio. Este sistema puede leer los datos para agilizar la conducción y dictar la ruta que se muestra en la pantalla. Simultáneamente, el centro coordinador tiene conocimiento de la situación de la ambulancia en cada momento.

Nota

También existe la posibilidad de solicitar apoyo al centro coordinador de más recursos sanitarios, bomberos o fuerzas de seguridad.

Terminales inteligentes

Permiten que los centros coordinadores localicen los recursos más disponibles y cercanos al lugar del suceso. Así, los profesionales podrán ver en un mapa o callejero la situación exacta de los vehículos y seleccionar el más propicio al problema de salud que se ha presentado. Estos terminales inteligentes están conectados a una impresora para permitir la recepción y envío de los datos clínicos y la dirección de la persona.

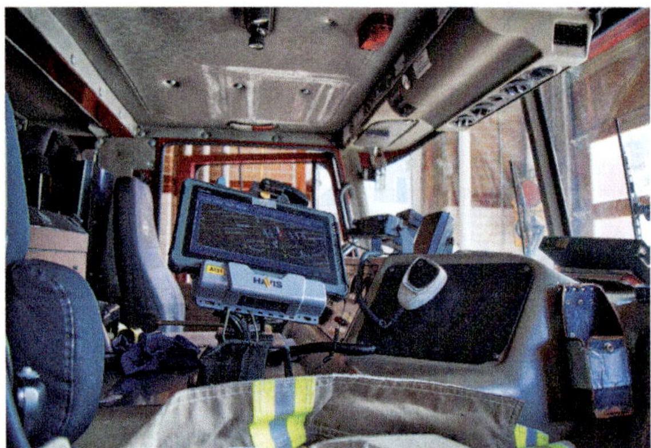

Incorporación del GPS a una ambulancia (© eskystudio / Shutterstock.com)

4.2. Hoja de reclamaciones

Es un documento de gestión con carácter intercentro, ya que se trata de una ambulancia, en el que se reflejan los datos de la persona junto con la reclamación y sugerencias, además de los motivos. Estos documentos pueden llevar adjuntas las pruebas que el usuario considere necesarias.

Para realizar la reclamación, en primer lugar, hay que pedir el libro o la hoja de reclamaciones, que ha de llevar la ambulancia obligatoriamente. Las hojas de reclamaciones están formadas por impresos autocopiables de tres folios de colores distintos: uno blanco, para la Administración, que el consumidor debe remitir a la dirección de la hoja para poder tramitarla; otro verde, que será para el reclamante; y, por último, el rosa, que se deja al personal de la ambulancia.

Consejo

Es recomendable rellenar la hoja de reclamaciones y enviarla lo antes posible a la Administración.

Si la ambulancia se negase a facilitar las hojas de reclamaciones, el usuario puede poner una queja por otro medio que considere adecuado ante los organismos competentes de sanidad o ante una asociación de consumidores. Solo es necesario presentar un escrito exponiendo los datos, los hechos y lo que se solicita.

La hoja de reclamaciones no quita la opción de realizar otra reclamación de cualquier otra forma legalmente, como una demanda, y tampoco garantiza que el usuario sea indemnizado.

ANVERSO

JUNTA DE ANDALUCIA — CONSEJERÍA DE GOBERNACIÓN

CÓDIGO IDENTIFICATIVO — Nº REGISTRO, FECHA Y HORA

Ejemplar para la Administración
Copy for the Administration

(001322/1D)

HOJA DE QUEJAS Y RECLAMACIONES / COMPLAINTS SHEET

Lugar del hecho: / Place of incident ____ Provincia: / Province ____ Fecha: / Date ____

1 | DATOS DE LA PERSONA RECLAMANTE / COMPLAINANT'S DETAILS (1)

Nombre: / Name(s) ____ Apellidos: / Surname ____

Sexo: / Sex ____ Edad: / Age ____ DNI o Pasaporte: / ID / Passport No. ____ Nacionalidad: / Nationality ____

Profesión: / Occupation ____ Domicilio: / Address ____

Municipio: / Town ____ Provincia: / Province / Country ____ Cód. Postal: / Post Code ____

Teléfono: / Telephone number ____

Dirección de correo electrónico: / Electronic address ____

¿Acepta la realización de un arbitraje o de una mediación para solucionar el problema?
Do you want arbitration o mediation procedures to be taken in order to resolve the problem?

☐ Sí, acepto la realización de un arbitraje. (2) Yes, I want arbitration procedures to be taken.
☐ Sí, acepto la realización de una mediación (3) Yes, I want mediation procedures to be taken.

2 | DATOS DE LA EMPRESA O PROFESIONAL / COMPANY OR PROFESSIONAL'S DETAILS (1)

Nombre o razón social: / Name or company name ____

CIF o NIF: / Tax identification Code No. ____ Actividad: / Company activity ____

Domicilio: / Address ____

Municipio: / Town ____ Provincia: / Province / Country ____ Cód. Postal: / Post Code ____

Teléfono: / Telephone number ____

Dirección de correo electrónico: / Electronic address ____

¿Acepta la realización de un arbitraje o de una mediación para solucionar el problema?
Do you want arbitration o mediation procedures to be taken in order to resolve the problem?

☐ Sí, acepto la realización de un arbitraje. (2) Yes, I want arbitration procedures to be taken.
☐ Sí, acepto la realización de una mediación (3) Yes, I want mediation procedures to be taken.

3 | DESCRIPCIÓN DEL HECHO Y PRETENSIONES DEL RECLAMANTE / DESCRIPTION OF THE COMPLAINT AND COMPLAINANT'S PRETENTIONS

4 | OBSERVACIONES DE LA EMPRESA SOBRE LOS HECHOS RECLAMADOS / OBSERVATIONS OF THE COMPANY REGARDING THE COMPLAINT

CONSUMIDOR: / CONSUMER — FIRMAS: / SIGNED — RECLAMADO: / COMPANY OR PROFESSIONAL

Formulario queja y reclamación física

4.3. Negación del traslado

La situación de negarse al traslado puede ser entendida desde dos puntos de vista: la negación por parte del paciente o la negación por parte del equipo de asistencia.

La negación al traslado por parte del conductor de la ambulancia puede darse en el caso en que haya algún problema mecánico de esta o que el médico manifieste fallos en el aparataje y la atención que pueda prestar la ambulancia no sea la necesaria. Para que la negación al traslado esté en regla, es necesario rellenar un impreso de negación al traslado en el que se expliquen los motivos y el equipo esté conforme, avisándose a otro transporte sanitario hasta el lugar en que se produce esta negación.

La otra visión de la negación al traslado es por parte del usuario o del paciente que no quiere ser trasladado en la ambulancia y/o se niega a una asistencia por parte de los servicios de emergencias y urgencias. La ambulancia permitirá la negación del transporte cuando el paciente se niegue por escrito y firme, en una situación en la que el individuo esté bien mentalmente. Todo esto debe de ir reflejado en la historia prehospitalaria de atención.

Ejemplo

Un caso de negación al traslado, sería la negación a continuar con la actividad de la ambulancia de soporte vital avanzado del médico que, al comprobar el aspirado, se encuentra con un mal funcionamiento de este y, por tanto, se niega a atender a cualquier tipo de paciente ante la deficiencia de la totalidad del sistema de asistencia. En este caso, el resto del equipo asistencial que forma parte del equipo de la ambulancia debería estar de acuerdo en abandonar la actividad y no llevar a cabo el traslado y, junto con esto, avisar a otro equipo para que les sustituya y lleve a cabo el traslado.

5. Resumen

A la hora de realizar un transporte sanitario, es necesario que tanto el vehículo como el equipamiento humano y material estén revisados, sean adecuados y específicos. Pero, además, los documentos tienen que estar en regla y ser los justos y necesarios. Es decir, la documentación del vehículo, para su correcta circulación y desarrollo de su cometido, y la documentación de la persona a la cual se transporta tienen que estar actualizadas y en regla.

Los documentos clínicos, con su correspondiente tramitación, van a depender de si se hace dentro del mismo centro, de un centro a otro, de una unidad a otra o desde/hasta un domicilio.

La ambulancia tiene que estar dotada con la documentación del vehículo, con los documentos que autoricen la tarea, con la persona autorizada para el tipo de transporte que ello suponga. Asimismo, se estará en posesión de los correspondientes documentos propios del paciente y de la información del lugar de procedencia y del destino al cual ha de dirigirse el vehículo.

Ejercicios de repaso y autoevaluación

1. **¿Qué son los documentos clínicos?**

____
____
____
____

2. **De las siguientes afirmaciones, diga cuál es verdadera o falsa.**

    a. En la hoja de ingreso se recoge toda la información general del paciente para así poder identificarlo sin problema.

    - ☐ Verdadero
    - ☐ Falso

    b. En la hoja de anamnesis se reflejan las constantes vitales tomadas por el personal de enfermería.

    - ☐ Verdadero
    - ☐ Falso

    c. En la hoja de evolución médica se encuentran registrados diariamente las incidencias que se han producido, los hallazgos exploratorios y las pruebas complementarias que se hayan realizado.

    - ☐ Verdadero
    - ☐ Falso

3. **Complete el texto.**

Las pruebas de laboratorio o __________ __________, suelen ser análisis __________ o __________ de muestras de __________ corporales como __________, orina, __________, __________ __________, semen, etcétera. Las pruebas más usuales son los __________ de __________ y orina.

4. **¿Qué tipo de documento es el de la siguiente imagen y en qué consiste?**

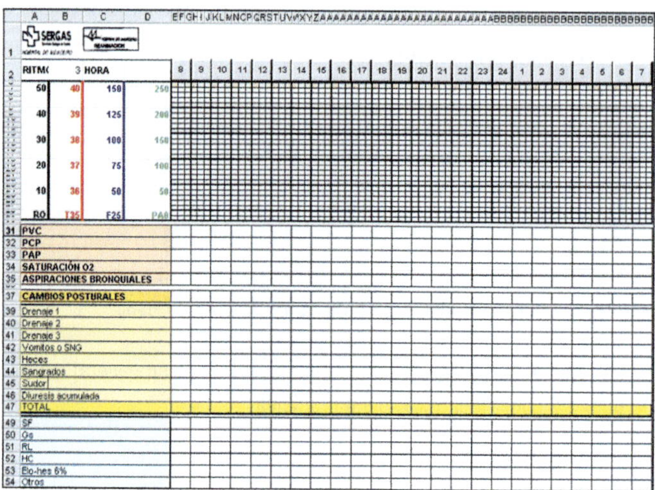
SERGAS
RITMO 3 HORA
8 9 10 11 12 13 14 15 16 17 18 19 20 21 22 23 24 1 2 3 4 5 6 7
50 40 150 250
40 39 125 200
30 38 100 150
20 37 75 100
10 36 50 50
RO T35 F25 PA0
PVC
PCP
PAP
SATURACIÓN O2
ASPIRACIONES BRONQUIALES
CAMBIOS POSTURALES
Drenaje 1
Drenaje 2
Drenaje 3
Vomitos o SNG
Heces
Sangrados
Sudor
Diuresis acumulada
TOTAL
SF
Gs
RL
HC
Elo-hes 6%
Otros

5. **Señale la respuesta incorrecta. En todos los documentos de la historia clínica en atención primaria se deben identificar...**

a. ... el centro asistencial.
b. ... vida social.
c. ... el profesional.
d. ... el paciente.

Capítulo 3

Características del transporte sanitario y dotación material

Contenido

1. Introducción
2. Tipos de transporte sanitario
3. Características diferenciales del transporte sanitario terrestre
4. Dotación material de la unidad de transporte sanitario según el nivel asistencial
5. Puesta a punto y verificación del material y equipos
6. Control de existencias de la dotación material del vehículo de transporte sanitario
7. Resumen

1. Introducción

Existen diferentes tipos del transporte sanitario en función del medio por el que se desplazan, los materiales que utilizan, la extensión que abarcan, los recursos que utilizan y el tiempo que tardan en desplazarse, entre otras características.

En este capítulo, se verán de forma general todos los tipos de transporte sanitario existentes, aunque se profundizará en el transporte sanitario terrestre y en todos los subtipos que hay, definiéndolos y concretando la actuación de cada uno de ellos, para no malgastar recursos materiales, económicos, ni tiempo. Así, se pueden distinguir ambulancias no asistenciales, ambulancias asistenciales, que son las de soporte vital básico y soporte vital avanzado, el transporte colectivo y el transporte de emergencias psiquiátricas. Según el cometido, el requerimiento de material va a ser diferente, tanto el material utilizado para el objetivo sanitario que persigue este medio de transporte como el material logístico propio de la ambulancia.

Todo esto, visto en su conjunto, obedece a una serie de normas, protocolos y guías para controlar que el cometido se lleve a cabo, que los recursos no escaseen y que se desarrolle positivamente la actividad.

2. Tipos de transporte sanitario

El trasporte sanitario se puede definir como aquel que se utiliza para realizar el desplazamiento de personas enfermas o accidentadas o por otros motivos sanitarios. Dichos desplazamientos se realizarán en vehículos, los cuales estarán acondicionados para tal efecto.

El transporte sanitario, en ocasiones, puede llegar a complicarse, debido a la gravedad que pueda presentar el paciente y el recorrido que se tenga que hacer.

En la actualidad, existen diferentes tipos de transporte sanitario que se van a describir a continuación.

2.1. Terrestre

Este tipo de transporte se divide en ambulancia no asistencial, ambulancia asistencial, transporte sanitario colectivo, ambulancia todoterreno, vehículo de intervención rápida y transporte sanitario de emergencia psiquiátrica.

Nota

El terrestre es el medio de transporte más utilizado y más desarrollado en los últimos tiempos. Es la base de los otros medios de transporte, porque, en la mayoría de ocasiones, todos los enfermos van a pasar por un transporte terrestre.

Ambulancia no asistencial

Es aquella que se emplea para el transporte de pacientes, generalmente grupal, caracterizados por no ser portadores de ninguna enfermedad infecciosa, por no necesitar atención sanitaria en el trayecto y por no precisar atención de urgencia. Este tipo de vehículos se ofrece a aquellos usuarios que no dispongan de medio alguno para trasladarse a un centro sanitario en el que deban ser atendidos.

Nota

Los viajes en ambulancia no asistencial son de carácter programado, es decir, se cita con antelación fecha y hora de recogida, según las necesidades de los pacientes.

Ambulancia asistencial de soporte vital básico

Estas ambulancias se dedican a la prestación de asistencia sanitaria de carácter básico a aquellos pacientes que la necesiten. Deben estar equipadas con un mínimo de material que satisfaga las necesidades de aquellas personas que puedan ser atendidas por este tipo de transporte, prestando la máxima seguridad y comodidad posible. En este tipo de vehículos deben trabajar conjuntamente el conductor de ambulancia y un enfermero o un TES (técnico de emergencias sanitarias), según lo requiera la situación por su gravedad y nivel de asistencia.

Ambulancia de soporte vital avanzado

El uso de estos vehículos se restringe a aquellas situaciones en las que, por la gravedad del paciente y por la necesidad inmediata de atención sanitaria, al correr peligro la vida del paciente, es necesaria la intervención conjunta de un enfermero, un médico y un TES de forma intensiva. Estas ambulancias están equipadas de una gran diversidad de material útil para el desarrollo del soporte vital avanzado y para la estabilización del paciente durante el traslado hasta el debido centro sanitario, donde se continuará con los cuidados especializados.

Ambulancia todoterreno

Es aquel tipo de vehículo especializado en la asistencia de situaciones cuya dificultad de acceso, ya sea por la climatología o por las condiciones del terreno, suponen el uso de un transporte que se adapte a tales situaciones adversas y que cuente con el material y el equipo adecuado para su intervención.

Vehículo de intervención rápida

Son vehículos de pequeño tamaño y de gran agilidad, cuya labor es el traslado, normalmente, de un médico y de un TES, además del material necesario hasta el lugar de la urgencia. Se suele iniciar la asistencia básica in situ.

Ambulancia de emergencia psiquiátrica

Se usan para la atención a personas que padezcan una enfermedad mental y necesiten atención adaptada a sus necesidades. Así, estas ambulancias deben tener el material común a toda ambulancia asistencial de soporte vital básico, incluyendo medicación específica para la atención de los problemas de este tipo de pacientes. Suelen trabajar en ellas un enfermero y un TES.

Por otro lado, atendiendo a la urgencia y la finalidad del transporte sanitario, existen:

- **Transporte sanitario de emergencia:** todo aquel transporte en el que el paciente presenta un estado de riesgo para su vida, con un compromiso orgánico. Debe desarrollarse en un tiempo mínimo, porque urgen el tratamiento y el diagnóstico. La prioridad es absoluta.
- **Transporte sanitario primario:** tiene como fin llevar al paciente desde la localización de la urgencia o emergencia hasta el centro sanitario en el que continuará su atención.
- **Transporte sanitario secundario:** comprende todo traslado del paciente desde un hospital a otro centro sanitario, que suele ser un hospital.
- **Transporte sanitario programado:** aquel transporte sanitario que se organiza y detalla con antelación, generalmente un día antes de su puesta en marcha.

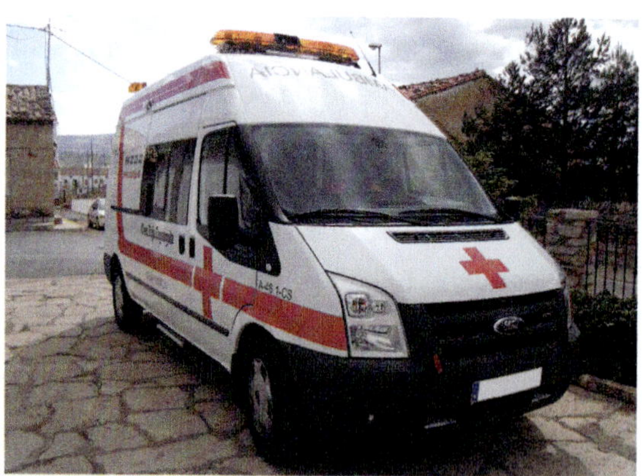

Ambulancia

Recuerde

Al transporte sanitario secundario también se le conoce como transporte interhospitalario.

2.2. Aéreo

Es el que se realiza por el aire. El medio más utilizado es el helicóptero, que puede realizar la función del transporte primario para un accidente de tráfico, por ejemplo. También se utiliza frecuentemente como transporte sanitario secundario.

Se puede utilizar como medio de ayuda al transporte terrestre en situaciones en las que el acceso a la zona del accidente sea dificultoso, cuando la distancia sea considerable o cuando corra peligro la vida del accidentado, por su urgencia.

A pesar de su gran utilidad en situaciones específicas en las que este medio de transporte es idóneo para la atención de un paciente, no se usa por su elevado gasto económico o por el mal estado meteorológico.

Nota

Otra desventaja de este tipo de transporte de pacientes es el mayor riesgo de sufrir un accidente en pleno vuelo que en el transporte aéreo cotidiano.

Existen situaciones en las que este medio de transporte es casi obligatorio, ya sea para la detección del suceso, para el acercamiento de material para la atención o para el traslado del equipo sanitario a la localización del accidente.

El transporte aéreo sanitario se destina al traslado de pacientes que se encuentran en estado crítico, cuestión por la que siempre debe estar asistido o medicalizado.

Tipos de transporte sanitario aéreo

Los tipos de transporte sanitario son: aéreo primario y aéreo secundario.

Transporte aéreo primario

Se realiza desde la localización del accidente hacia un centro sanitario. El vehículo de transporte usado es el helicóptero, ya sea asistido o medicalizado.

Transporte aéreo secundario

Este se realiza desde un centro sanitario a otro.

Medios de transporte aéreo

Los medios de transporte aéreo son los siguientes.

Presurizados

Se llama así a los aviones convencionales. Se suelen usar aviones pequeños, aunque ello no evita una adecuada desenvoltura en su interior.

Es muy difícil encontrar aviones asistidos, pero algunas compañías de transporte aéreo posibilitan el transporte de un paciente, al poseer el equipo necesario para la atención durante el vuelo. Cualquier avión en el que se incluyan los sistemas diagnósticos y terapéuticos se puede utilizar para el transporte sanitario. Se elige el avión en situaciones en las que la distancia al punto del accidente es larga, por su gran velocidad. Los principales inconvenientes para su puesta en marcha son el elevado coste de mantenimiento y la falta de espacios de aterrizaje.

Sabía que...

Para disminuir ese difícil acceso, se usan los aviones tipo stoll, con los que es posible aterrizar en espacios cortos.

No presurizados

En este tipo de vehículos se encuentran los helicópteros. Sus principales ventajas son precisamente la gran variedad de prestaciones que posibilitan, como la facilidad de acceso a zonas restringidas, su gran velocidad de transporte, la gran agilidad y desarrollo de maniobras que permiten. Sin embargo, los helicópteros se ven muy afectados para el traslado de pacientes en situaciones meteorológicas adversas (viento, lluvia, niebla, poca luz, etcétera). Este medio de transporte debe de ser siempre asistido.

Importante

El personal que atienda urgencias en este medio de transporte tiene que conocer cuáles son los peligros de los cambios de presión para el paciente y para las técnicas terapéuticas, tan frecuentes en los helicópteros.

2.3. Marítimo

Es el medio de transporte utilizado para el traslado sanitario, es decir, para el rescate y salvamento, de personas en el mar.

Entre los vehículos utilizados en el salvamento marítimo, se encuentran tanto embarcaciones rápidas (el salvamar, la moto de rescate o la lancha de salvamento) como embarcaciones de un mayor perímetro, pero que a la vez son de más difícil manejo, como el barco-hospital.

Nota

Estos medios de transporte están indicados en aquellas situaciones en las que no sea posible usar otros medios de transporte más prácticos, como es el caso de los helicópteros o los aviones.

En este tipo de medios de salvamento sanitario, se debe tener siempre en cuenta que:

- Tienen que estar muy protegidos por la posibilidad de golpes con rocas, con otras embarcaciones o con fragmentos de barcos accidentados.
- Debe comprobarse frecuentemente la embarcación, intentando evitar la posibilidad de naufragio.
- Debe adaptarse lo máximo posible al perfil de las víctimas, en cuanto al equipo tanto humano como material que asistirá a la víctima, a la morfología y distribución del vehículo sanitario, la duración del transporte y las condiciones de la localización del accidente.
- Tanto el personal como la víctima deben ir correctamente sujetos, evitando posibles caídas (en embarcaciones de salvamento marítimo en corta distancia).

Es interesante saber que este medio de transporte es poco usual en el salvamento de víctimas de accidentes. Esto es debido a diversos motivos:

- En primer lugar, porque el número de accidentes con víctimas es mucho menor en agua que en tierra, pues el medio habitual en el que se desarrolla la vida humana es el terreno firme.
- En segundo lugar, en un número elevado de casos en los que se produce un accidente en el mar y se necesita un medio de transporte para atender

el suceso, el medio empleado es el transporte sanitario aéreo, ya que suelen ser vehículos más rápidos, manejables y en los que se ofrece una mayor variedad de prestaciones.

Aplicación práctica

Se encuentra trabajando en una unidad asistencial de urgencias y emergencias del hospital de una gran ciudad. Ante un aviso de un accidente de tráfico, se dirige junto con todo el equipo sanitario hacia el lugar del suceso. Al llegar al lugar del accidente y valorar la situación y a las personas implicadas, llega a la conclusión de que hay que llevarlas hasta el hospital, aunque no existe un riesgo vital extremo. ¿Cómo valoraría el tipo de transporte que se necesita?

SOLUCIÓN

Dudaría entre transporte sanitario de emergencia o transporte primario, ya que los dos son un transporte del lugar del suceso al hospital. Sin embargo, en este caso, al no haber una emergencia, porque no existe riesgo vital de las personas accidentadas, se trataría de un transporte sanitario primario.

3. Características diferenciales del transporte sanitario terrestre

Como se ha visto anteriormente, existen diferentes tipos de transporte sanitario terrestre. Entre cada tipo de ambulancia y su cometido, se pueden encontrar características diferenciales que ayudan a emplear uno u otro tipo de ambulancia en función del tipo de situación que se presente, con lo cual, previamente, se debe analizar el caso a tratar para saber con qué tipo de ambulancia trabajar para no malgastar así recursos ni personal y el trabajo se adecúe a la situación.

3.1. Ambulancia no asistencial

El transporte sanitario no asistencial se lleva a cabo mediante ambulancias destinadas al transporte de pacientes en camilla que no necesitan de asistencia sanitaria durante el proceso del traslado.

Ejemplo

Este tipo de ambulancias se utiliza en el transporte de personas que reciben rehabilitación, diálisis, pruebas diagnósticas, etcétera.

En cuanto a los requisitos que debe cumplir el personal que maneje las ambulancias no asistenciales, existe una regulación legal, previsto en el Real Decreto 710/2011, de 20 de mayo, en el que se exige que como mínimo exista un conductor que tenga el certificado de profesionalidad de transporte sanitario, y si fuera necesario, un segundo conductor que ostente la misma cualificación.

Las características técnico asistenciales de este tipo de ambulancias vienen especificadas por el Real Decreto 22/2014, de 17 de enero, por el que se modifica el Real Decreto 836/2012, de 25 de mayo, por el que se establecen las características técnicas, el equipamiento sanitario y la dotación de personal de los vehículos de transporte sanitario por carretera.

Este tipo de vehículos ha de tener una estructura similar a la de un furgón, debiendo incluir una separación entre la cabina asistencial o célula sanitaria y la cabina del conductor. Con la función de facilitar la comunicación entre ambos habitáculos, es necesario que exista una ventana o interfono.

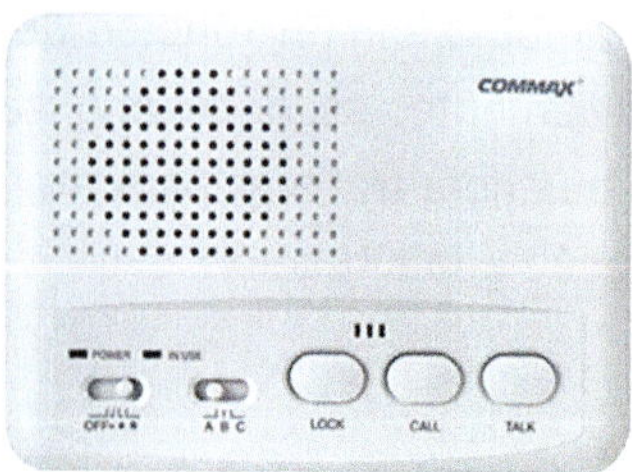

Interfono colocado en ambulancias

El vehículo ha de tener unas dimensiones que permitan que los pacientes accedan a él fácilmente. Los pacientes han de contar con todas las posibilidades necesarias para poder incorporarse con facilidad.

Nota

A su vez, la camilla deberá tener unas dimensiones lo suficientemente cómodas para poder transportar a un paciente adulto con correas de sujeción, lencería y con todos los accesorios necesarios.

Para la correcta sujeción de la camilla al habitáculo asistencial, esta tendrá que disponer de una bancada para ruedas o patines, además de tener como mínimo un asiento con cinturón de seguridad cercano a la misma.

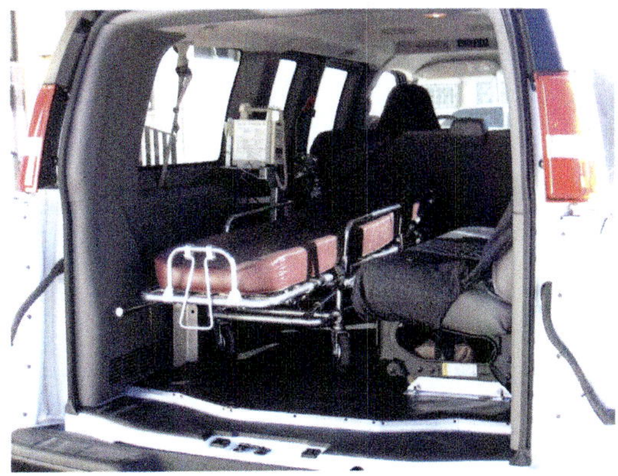

Ambulancia no asistencial

Como material auxiliar, la ambulancia no asistencial deberá llevar herramientas básicas para la liberación de accidentados, como palanca o pata de cabra, guantes, linterna, etc.

3.2. Ambulancia de soporte vital básico

Las ambulancias de soporte vital básico se utilizarán para el transporte sanitario de los pacientes que necesitan asistencia y monitorización básica durante el traslado.

El personal de este tipo de ambulancias asistenciales estará formado por el conductor y una persona con titulación para prestar soporte vital básico.

Este tipo de vehículos debe reunir una serie de características específicas:

- La apertura trasera ha de ser de 180°.
- La cabina asistencial tiene que estar separada de la cabina de conducción y conectada a ella mediante una ventana o interfono.
- Las dimensiones del vehículo deben permitir la fácil incorporación del paciente en la camilla y el acceso del mismo por todos los lados.
- La iluminación ha de ser independiente de la cabina del conductor, así como regulable, orientable y de intensidad suficiente.
- La ventilación, el aire acondicionado y la calefacción han de ser independientes a los de la cabina de conducción y poder ser accionados desde la cabina asistencial.

Panel de cabina asistencial para control de luces, ventilación y aire acondicionado

Nota

También debe poseer una iluminación auxiliar extraíble, con una capacidad de largo alcance.

Este vehículo ha de estar estructurado para poder instalar diferentes tipos de aparatos para la atención y monitorización básica del paciente, así como para poder estructurarlo en una unidad de soporte vital avanzado, por lo que la instalación eléctrica ha de ser independiente a la del habitáculo del conductor, ha de tener capacidad para alimentar todos los equipos médicos, debe disponer de tomas de 12 V de corriente continua y de 24 V de corriente alterna y una fuente de alimentación auxiliar, la cual ha de ser capaz de proporcionar dichos voltajes. En caso de que fuera necesario, se le ha de poder acoplar un equipo electrógeno.

El equipamiento general también incorporará una bancada para la camilla que permita poner esta en posición de Trendelemburg.

Definición

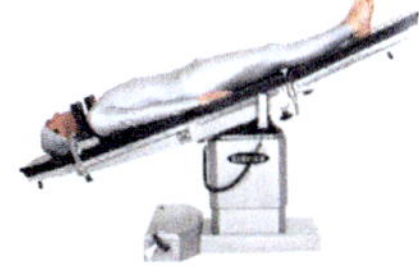

Posición de Trendelemburg
Posición en la cual se coloca la cabeza más baja que las piernas.

El acceso al paciente ha de ser total por todos los lados y se deberá dejar espacio suficiente en la cabecera para poder trabajar en ese lugar, por lo que deberá existir un asiento plegable con un cinturón de seguridad.

La camilla ha de tener unas dimensiones suficientes para poder transportar a un adulto y correas de sujeción, lencería y accesorios necesarios.

Para el manejo de transporte de heridos, se deberá llevar una silla plegable, una camilla de cuchara y un tablero espinal.

Las ambulancias de soporte vital básico cuentan con una serie de material específico, que viene indicado en el Real Decreto 836/2012, de 25 de mayo.

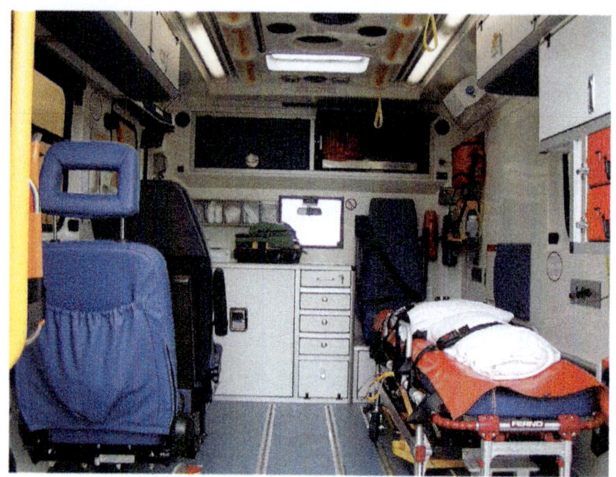

Ambulancia de soporte vital básico

3.3. Ambulancia de soporte vital avanzado

Se utilizan para la asistencia y traslado de enfermos en un estado de riesgo de las funciones orgánicas inmediato o prolongado (ya sea en ese momento o que pueda surgir en un futuro muy próximo). Estas ambulancias cuentan con un médico, un enfermero, un técnico de emergencias sanitarias y el conductor de la ambulancia. Presentan todas las características para el desarrollo de una asistencia intensiva.

El personal con el que cuentan las ambulancias de soporte vital avanzado es:

- Médico con experiencia en valoración, tratamiento, diagnóstico y transporte de enfermos críticos.
- Enfermero con experiencia en cuidados y traslado de enfermos en estado crítico. Debe cumplir una de estas condiciones: especialidad en

enfermería médico-quirúrgica, experiencia mínima de 12 meses en urgencias hospitalarias, UCI o transporte asistido o formación mínima de 300 horas teórico-prácticas en enfermería de urgencias y emergencias, con un mínimo de 25 % de prácticas presenciales.

- Técnico en transporte sanitario, con capacidad para controlar y mantener el vehículo y el equipamiento sanitario básico, traslado del paciente a los centros sanitarios y realización de cuidados en asistencia extrahospitalaria.

Nota

Por lo general, son dos, pero en caso de transporte interhospitalario, solo será necesario uno.

Son los médicos los que determinan el personal sanitario que debe acompañar al paciente en el traslado interhospitalario.

Sabía que...

Este tipo de ambulancias tiene capacidad para un solo paciente y cinco plazas como máximo para personal asistencial, de las que como mínimo tres estarán en la célula sanitaria acompañando al paciente.

Las ambulancias de SVA tienen una serie de características específicas, además de las características técnico-sanitarias comunes a todos los demás tipos de ambulancias. Estas son:

- Dentro de la célula sanitaria, debe de haber un armario para el material sanitario, con cajones y estanterías de fácil acceso y un sistema sencillo para la apertura, pero que también evite la apertura espontánea durante la marcha de la ambulancia.
- La capacidad de esta célula sanitaria será la suficiente para llevar a disposición todo el material y los cajones estarán señalizados por colores (rojo, azul, verde y amarillo).
- Existirán unas barras para la sujeción del personal en el techo y los laterales.
- Además, habrá colgadores en el techo para la sueroterapia o medicación intravenosa.

El equipamiento técnico sanitario será: monitor electrocardiógrafo, desfibrilador sincronizado, respirador artificial, aspirador de secreciones eléctrico y portátil, monitor de tensión arterial, pulsioxímetro, bomba de perfusión, equipos de oxigenoterapia centralizados y portátiles, camilla, todos los artilugios de inmovilización (camilla cuchara, colchón de vacío, collarines cervicales, férulas de vacío, inmobilizador de columna, etcétera), diversos maletines de soporte vital circulatorio, respiratorio, quemados, etcétera, casilleros con medicaciones muy diversas, sueros, catéteres, vías, tubos endotraqueales, cánulas, etc.

Según indica el Real Decreto 22/2014, de 17 de enero, todas las ambulancias asistenciales, tanto las dedicadas a soporte vital básico como avanzado, deberán contar con dispositivos de localización y transmisión de datos vía GPS, para que sea posible en todo momento la comunicación entre el centro coordinador y la propia ambulancia.

Todas las ambulancias asistenciales para soporte vital deberán contar con un conductor que haya obtenido el título de formación profesional del técnico de emergencias sanitarias, tal cual está estipulado en el Real Decreto 710/2011, de 20 de mayo, así como un diplomado o grado en enfermería, y en cuanto la asistencia lo requiera, deberá estar presente un médico.

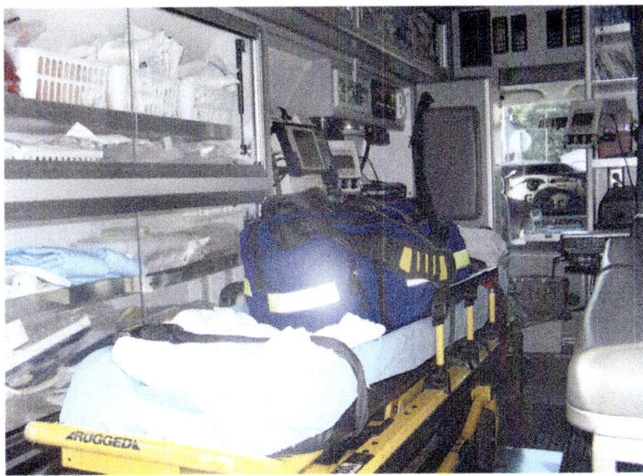

Ambulancia de soporte vital avanzado

3.4. Transporte sanitario colectivo

Se usan para el traslado de varios usuarios que no precisan asistencia urgente ni presentan enfermedades infecciosas que puedan transmitirse entre sí.

Transporte sanitario colectivo

Además de las características comunes a todas las ambulancias, estos vehículos de transporte colectivo de pacientes deberán tener unas específicas. En cuanto a la célula sanitaria, tendrá un máximo de siete asientos, cómodos, reclinables por lo menos 30° y con cinturón de seguridad individual homologado.

Algunos asientos pueden ser intercambiados por sillas de ruedas, con sistemas especiales de anclaje también homologados según la legislación vigente. También pueden tener una camilla, con características ajustadas a una ambulancia de traslado, en cuyo caso se contará con un máximo de cuatro asientos. Las separaciones entre las filas de asientos serán las suficientes para asegurar la comodidad de los pacientes.

Nota

En esta zona de la célula sanitaria, existirá también un espacio fuera del lugar de paso con sistemas de sujeción para transportar las sillas de los pacientes con movilidad reducida.

El personal con el que cuenta el transporte sanitario colectivo será un auxiliar de transporte sanitario o un técnico en emergencias sanitarias.

3.5. Transporte sanitario de emergencia psiquiátrica

Estas ambulancias poseen medios para la sujeción de pacientes con enfermedades mentales y medicación exclusiva para este tipo de enfermedades. Para poder conseguir sus objetivos, disponen de dos técnicos de transporte sanitario que hayan realizado un curso específico de emergencias sanitarias, con el personal de enfermería adecuado y con el material de soporte vital básico.

Es una ambulancia preparada especialmente para el transporte de pacientes psiquiátricos, tipo furgón normalmente. No suele llevar camilla, sino una silla anclada fuertemente al suelo y con amplias sujeciones a la cabeza, tórax, brazos y antebrazos, abdomen, muslos y piernas. Todo esto con un acolchamiento grande de las sillas y paredes del habitáculo, generalmente.

Importante

El personal de la ambulancia deberá estar entrenado en técnicas de reducción verbal y física y dispondrá de medios protectores, como cascos y chalecos, entre otros.

La parte sanitaria está dividida del compartimiento del conductor por una separación. Solo una ventana permite la visión directa y el contacto verbal con el conductor a través del interfono. La puerta es autocerrable durante el transporte y contra apertura. En todo el espacio hay una ausencia de ángulos que puedan herir al paciente. Todas las paredes son lisas y están fabricadas en ABS termoconformado. Las ventanas son de policarbonato indeformable y alta resistencia a golpes y roces.

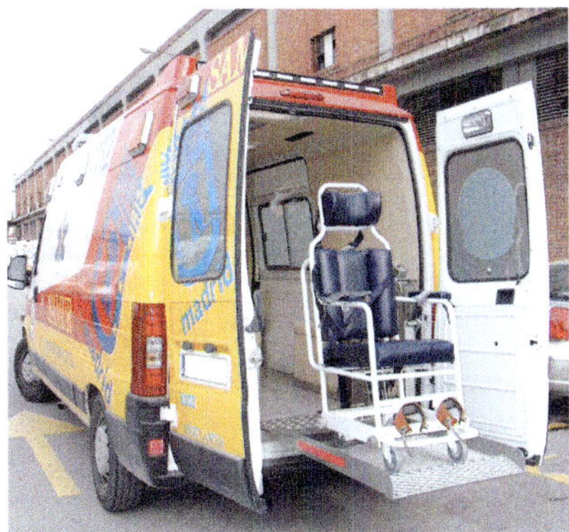

Transporte sanitario de emergencia psiquiátrica

Nota

Todas las tomas de corriente y oxígeno de la célula sanitaria están en el techo o a una altura suficiente como para que el paciente no se pueda golpear con la cabeza.

4. Dotación material de la unidad de transporte sanitario según el nivel asistencial

Según el tipo de ambulancia, el material sanitario con el que cuente va a ser claramente diferenciable, así como el material logístico.

4.1. Material sanitario

A continuación, se van a enumerar los diferentes tipos de materiales con los que va a contar cada tipo de ambulancia. Todos ellos vienen regulados según el Real Decreto 22/2014, de 17 de enero.

Fungible e inventariable

Dentro de este grupo de material, se van a realizar cinco diferenciaciones, atendiendo a los distintos tipos de ambulancias que se están estudiando.

Ambulancias no asistenciales

Dentro de este grupo, se encuentran:

- Accesorios de lencería:
    - Mantas
    - Sábanas
    - Plástico para la camilla
    - Almohada
- Maletín de primeros auxilios y material de soporte básico:
    - Tijera recta y curva
    - Pinza de disección con dientes
    - Algodón
    - Esparadrapo de tela y papel
    - Venda de gasa

    - Apósitos
    - Solución antiséptica

- Vasos desechables
- Cubo o bolsas de desperdicio

Ambulancias asistenciales de soporte vital básico

En este grupo, el material va a ser mucho más amplio, debido a la actividad asistencial a la que se dedicar:

- Accesorios y lencería:

    - Dispensador de toallas impregnadas en solución jabonosa
    - Cubo o bolsa de desperdicios
    - Rollo de celulosa
    - Bolsas de plástico para vómito
    - Vasos desechables
    - Mantas
    - Sábanas normales y termoaslantes
    - Plástico para la camilla
    - Almohada

- Esfigmomanómetro
- Fonendoscopio
- Termómetro clínico
- Linterna de exploración

- Material de inmovilización:

    - Colchón de vacío con bomba
    - Collarín cervical
    - Férulas hinchables para inmovilización de miembros superiores e inferiores

- Material quirúrgico:
  - Pinzas de disección con y sin dientes
  - Porta agujas
  - Suturas cutáneas con agujas curvas
  - Tijeras rectas y curvas
- Material de curas:
  - Gasas estériles
  - Antisépticos: alcohol y povidona yodada
  - Compresas
  - Algodón hidrófilo en bolsas de plástico herméticas
  - Esparadrapo de papel y de tela
  - Venda de gasa y elástica
  - Tijeras de cortar ropa
  - Maquinillas de rasurar desechables
  - Guantes desechables estériles y no estériles
  - Paños verdes estériles
  - Mascarillas asépticas desechables
- Botiquín portátil. Ha de ser de material irrompible y estará compuesto por:
  - Instrumental:
    - Tijeras rectas
    - Pinzas de disección con dientes
    - Suturas cutáneas
  - Material de curas:
    - Gasas no estériles y estériles
    - Vendas de gasa orilladas de varios diámetros
    - Rollo de esparadrapo de tela

Recuerde

Estas ambulancias se utilizan para el transporte de los pacientes que necesitan asistencia y monitorización básica durante el traslado. El personal estará formado por el conductor y una persona con titulación para prestar soporte vital básico.

Ambulancias asistenciales de soporte vital avanzado

En este tipo de ambulancias, el material va a ser muy similar al de soporte vital básico:

- Accesorios y lencería:
  - Dispensador de toallas impregnadas en solución jabonosa
  - Cubo o bolsa de desperdicios
  - Rollo de celulosa
  - Bolsas de plástico para vómitos
  - Vasos desechables
  - Mantas
  - Sábanas normales y termoaislantes
  - Plástico para la camilla
  - Almohada
- Juego de tubos endotraqueales para adultos, niños y lactantes y, dentro de ellos:
  - Juego de conexiones en T para tubos endotraqueales, sondas de aspiración y uno para ventilación con balón de ventilación y válvula espiratoria.
  - Fiadores para tubos endotraqueales.
  - Cánulas orofaríngeas de diferente calibre.
  - Cánulas de traqueotomía.
  - Juego de conexiones para tubos endotraqueales.

- Laringoscopio con palas de adulto y niño:
  - Pilas de recambio para laringoscopio.
  - Lámparas de recambio para laringoscopio.

- Mascarillas de ventilación de adultos y niños.
- Rollo de papel de electrocardiograma.
- Pasta gel para electrodos.
- Llaves de tres vías.
- Juegos de electrodos para monitor.

- Dispositivo para suspensión de soluciones de perfusión intravenosa, dentro del que se incluyen:
  - Bránulas intravenosas con catéter externo, con agujas de diferente calibre.
  - Drum catéter para punción.
  - *Butterfly* de diferente calibre.
  - Catéteres para punción percutánea venosa.
  - Equipo para punción-cateterización de la vía subclavia y yugular para adultos.
  - Catéteres para cateterización de vena central por vía periférica, adulto y niño.
  - Compresores venosos y arteriales.

- Esfigmomanómetro
- Fonendoscopio
- Termómetro clínico
- Linterna de exploración

- Material de inmovilización:
  - Colchón de vacío con bomba
  - Collarín cervical
  - Férulas hinchables para inmovilización

- Material quirúrgico:
  - Porta-agujas de Mayo-Hegar estéril
  - Tijera recta de punta fina estéril
  - Mango de bisturí estéril
  - Pinza de Kocher estéril
  - Pinza de Halstat con manguito curvo para hemostasia estéril
  - Pinza de Rochester-Pean estéril
  - Pinza de disección con dientes estéril
  - Tijeras curvas
  - Hojas de bisturí
  - Suturas cutáneas con agujas curvas
  - Agujas desechables de diferente calibre
  - Jeringas de insulina con aguja
  - Sistema de goteo normal
  - Sistema de microgoteo adaptable a los de perfusión
- Material de curas:
  - Gasas estériles y no estériles
  - Antiséptico: alcohol, povidona yodada y clorhexidina
  - Compresas
  - Algodón hidrófilo
  - Esparadrapo de tela y de papel
  - Vendas de gasa orillada y elásticas
  - Tijeras para cortar ropa
  - Maquinillas de rasurar desechables
  - Paños verdes estériles
  - Guantes desechables estériles y no estériles
  - Mascarillas asépticas desechable
  - Gorros asépticos desechables
  - Batas estériles
- Equipos de sondaje y drenaje, estériles y desechables:
  - Trocares torácicos
  - Sondas de aspiración

- Lubricantes anestésicos hidrosolubles
- Sondas nasogástricas con tapones
- Sondas de Foley de diferente calibre
- Lubricante urológico
- Bolsas de diuresis

Recuerde

Estas ambulancias se utilizan para la asistencia y traslado de enfermos en un estado de riesgo de las funciones orgánicas inmediato o prolongado. Cuentan con un médico, un enfermero, un técnico de emergencias sanitarias y el conductor de la ambulancia.

Trasporte sanitario colectivo

En este tipo de trasporte, el material no va a ser tan extenso como en los casos anteriores:

- Material de curas:
    - Tijera recta
    - Tijera para cortar ropa
    - Pinzas de disección con dientes
    - Gasas estériles y no estériles
    - Vendas elásticas
    - Esparadrapo de papel
    - Algodón
    - Guates estériles desechables
    - Apósitos de tul graso
    - Tubos de Mayo

Recuerde

Este transporte se usa para el traslado de varios usuarios que no precisan asistencia urgente ni presentan enfermedades infecciosas que puedan transmitirse entre sí. El personal con el que cuenta es un auxiliar de transporte sanitario o un técnico en emergencias sanitarias.

Transporte sanitario de emergencia psiquiátrica

En este tipo de transportes, el único material inventariable y fungible es:

- Material de curas: (no todas las ambulancias disponen de él).
  - Tijera recta
  - Tijera para cortar ropa
  - Pinzas de disección con dientes
  - Gasas estériles y no estériles
  - Vendas elásticas
  - Esparadrapo de papel
  - Algodón
  - Guates estériles desechables
  - Apósitos de tul graso
  - Tubos de Mayo
- Medidas de sujeción, como cintas o cinturones.

Recuerde

Estas ambulancias poseen medios para la sujeción de pacientes con enfermedades mentales y medicación exclusiva para este tipo de enfermedades. Disponen de dos técnicos que hayan realizado un curso específico de emergencias sanitarias, con el personal de enfermería adecuado y con el material de soporte vital básico.

Fármacos

A continuación, se van a enumerar los fármacos esenciales que se pueden encontrar en los diferentes tipos de ambulancias, teniendo en cuenta que estos pueden modificarse según petición médica.

Nota

Todos estos fármacos vienen regulados en el Real Decreto 22/2014.

Ambulancias no asistenciales

En este tipo de ambulancias, los fármacos son básicos, debido a su función. Estos son:

- Paracetamol
- Dipirona (u otro analgésico)
- Vaselina neutra esterilizada
- Heparinoide tópico
- Diferentes tipos de sueros

Ambulancias de soporte vital básico

La medicación adecuada para aquellos pacientes que necesiten ser asistidos por este tipo de ambulancias es:

- Analgésicos
- Analgésicos opiáceos
- Anestésicos locales
- Antagonistas del calcio
- Antagonistas de opiáceos (nalaxona)
- Antianginosos

- Antiarrítmicos
- Anticolinérgicos
- Antisépticos:
    - Benzodiacepinas
    - Bloqueantes betaadrenérgicos
    - Brocodilatadores
    - Corticosteroides
    - Diuréticos
    - Glucosa
    - Insulina de acción rápida
    - Sueros
    - Sustitutos del plasma
    - Vasoactivos (adrenalina)

Ambulancias de soporte vital avanzado

Al igual que ocurre en el caso anterior, la medicación adecuada para aquellos pacientes que necesiten ser asistidos por este tipo de ambulancias es:

- Analgésicos, dentro de los que se incluyen los derivados opiáceos
- Anestésicos locales
- Antagonistas del calcio
- Antagonistas de opiáceos (naloxona)
- Antianginosos
- Antiarrítmicos
- Anticolinérgicos
- Antisépticos
- Benzodiacepinas
- Bloqueantes betaadrenérgicos
- Broncodilatadores
- Corticosteroides
- Diuréticos
- Glucosa
- Insulina de acción rápida
- Sueros

- Sustitutos del plasma
- Vasoactivos (adrenalina)

Transporte sanitario colectivo

En este tipo de ambulancias, el grupo de fármacos va a ser muy reducido:

- Vaselina neutra estéril
- Heparinoide tópico
- Diferentes tipos de sueros

Transporte sanitario de emergencia psiquiátrica

Las ambulancias destinadas a transporte psiquiátrico no suelen llevar medicación, excepto:

- Relajantes
- Tranquilizantes

Oxígeno medicinal

Según el Real Decreto 22/2014, de 17 de enero, que modifica el R. D. 836/2012, de 25 de mayo, que a su vez ratifica el equipamiento sanitario del que debe estar provista la ambulancia, el oxígeno medicinal debe estar presente tanto en la ambulancias no asistenciales como asistenciales.

Ambulancias no asistenciales

El equipamiento de oxígeno en este tipo de ambulancias es:

- Sistema de oxigenoterapia con depósito de oxígeno de al menos 800 litros.
- Mascarillas de oxigenoterapia para adultos y pediátricas.
- Sistema de ventilación manual con mascarillas para adultos y pediátricas.

Ambulancias asistenciales de soporte vital básico

El equipamiento en este tipo de ambulancias es:

- Instalación fija de oxígeno, la cual se encuentra aislada eléctricamente.
- Se dispondrá de botellas con una capacidad mínima de 200 l.
- Tomas rápidas en las paredes convenientemente rotuladas.
- Caudalímetros que permitan un flujo de 15 l/min.
- Humidificadores y manómetros de control de presión.
- Mascarillas de ventilación de adultos y niños.

Importante

Es de fácil acceso y al lado de ella no se debe almacenar ningún otro material.

Ambulancias asistenciales de soporte vital avanzado

El equipamiento en este tipo de ambulancias es:

- Instalación fija de oxígeno, la cual se encuentra aislada eléctricamente.
- Se dispondrá de botellas con una capacidad mínima de 200 litros.
- Tomas rápidas en las paredes convenientemente rotuladas.
- Caudalímetros que permitan un flujo de 15 l/min.
- Humidificadores y manómetros de control de presión.
- Mascarillas de ventilación de adultos y niños.

Transporte sanitario colectivo

El equipamiento de oxígeno en este tipo de ambulancias es:

- Botellas de oxígeno con una capacidad mínima de 850 litros, con humidificador, manorreductor y caudalímetro, que permitan flujos de hasta 15 l/min.
- Mascarillas y gafas nasales de adulto y pediátricas.

Transporte sanitario de emergencia psiquiátrica

Este tipo de ambulancias no suele incluir sistema de oxígeno medicinal.

Recuerde

En caso de haberlas, todas las tomas de corriente y oxígeno de la célula sanitaria estarán en el techo o a una altura suficiente como para que el paciente no se pueda golpear con la cabeza.

Equipos electromédicos

Los equipos electromédicos principales se encuentran reflejados en el Real Decreto 22/2014, de 17 de enero. Dependiendo del tipo de ambulancia se van a encontrar unos u otros.

Ambulancias no asistenciales

En este tipo de ambulancias, el material electromédico es:

- Sistema de aspiración de secreciones para adulto y niño.
- Dispositivo para suspensión de soluciones de perfusión intravenosa.

Ambulancias asistenciales de soporte vital básico

En estas ambulancias, el material electromédico es:

- Sistema de monitorización y desfibrilación
- Ventilador mecánico
- Bomba de perfusión
- Capnógrafo
- Desfibrilador semiautomático externo
- Ventilador manual tipo balón
- Dispositivo para suspensión

Ambulancias asistenciales de soporte vital avanzado

Estas ambulancias constan de:

- Respirador acondicionado con caudalímetro, manómetro y válvula de sobrepresión
- Ventilador manual tipo balón
- Maletín de resucitación cardiopulmonar para adultos y pediátrico
- Monitor de desfibrilador de tipo portátil con palas o parches adhesivos
- Generador externo con marcapasos
- Registrador de electrodos
- Monitor de tensión arterial
- Ventilador mecánico
- Aspirador portátil eléctrico

Transporte sanitario colectivo

En este tipo de ambulancias, el único equipo es el dispositivo de aspiración de secreciones.

Transporte sanitario de emergencia psiquiátrica

Este tipo de transporte sanitario no presenta ningún tipo de equipos electromédicos.

4.2. Material logístico

El material logístico que a continuación se va a enumerar viene regulado por el Real Decreto 22/2014, de 17 de enero.

Señalización y balizamiento

Dentro de este grupo, se incluye todo lo referente al aspecto exterior que deben presentar los diferentes tipos de ambulancias que en este capítulo se están estudiando.

Cabe destacar que las normas que a continuación se van a indicar son comunes para todos los tipos de ambulancias. Dichas normas son:

- Ha de aparecer la palabra "AMBULANCIA" en la parte delantera y posterior de la misma.
- La inscripción delantera debe estar de manera inversa para que pueda ser leída a través de los espejos retrovisores de los otros vehículos.
- El color del vehículo ha de ser blanco mayoritariamente.

Nota

Esta regla tiene la excepción, reflejada en la Ley 47/2003, de 26 de noviembre, General Presupuestaria, que estableció un marco normativo más actualizado y ampliado en cuanto a la gestión y control económico-financiero en las administraciones públicas.

Autoprotección personal

Los técnicos en transporte sanitario, según el Real Decreto 22/2014, de 17 de enero, durante su jornada laboral, han de llevar ropa de trabajo reflectante.

Importante

El personal médico (médicos, enfermeros, etcétera), en su pijama de trabajo o bata, deberán de llevar una tarjeta identificativa, en la que figuren su nombre, apellido y acreditación personal.

Otras medidas de autoprotección son:

- Casco: protector de cabeza.
- Gafas/pantalla: protección ocular o facial.
- Mascarilla: protección respiratoria.
- Chaquetón y pantalones reflectantes: protección de la piel.
- Guantes: protección de manos.
- Botas: protección de pies.
- Chaleco reflectante: ropa de señalización.

Iluminación portátil

Constituida por todas las señales luminosas y acústicas de las que dispongan las ambulancias, las cuales están reguladas en el Real Decreto 22/2014.

Algunas de las características que deben presentar son:

- Altavoz de 100 W.
- Amplificador de sirena de 6 tonos y megafonía.
- Testigo señalador de puertas abiertas.
- Catadióptricos captafaros reflectantes.
- Avisador acústico de marcha atrás.
- Señalizador trasero sobre portón trasero, compuesto por 6 luces como mínimo.
- Luz perimetral ámbar empotrable.
- Linterna de aluminio con batería incorporada y zoom con cargador incluido.
- Luz móvil ámbar frontal sobre capó.

- Dos luces móviles rojas sobre paso rueda delantera.
- Una luz blanca cuadrada en el centro de ambos laterales que ilumina la zona de trabajo.

5. Puesta a punto y verificación del material y equipos

Para que una ambulancia pueda comenzar con su actividad y pueda desarrollar el cometido que tiene, deberá de contar con características tanto del vehículo en general como del espacio sanitario y del equipamiento.

En lo referido al vehículo, se debe disponer de los siguientes elementos:

- Extintor de incendios, con arreglo a lo dispuesto en la normativa vigente.
- Ropa de protección de alta visibilidad, de acuerdo con la norma comunitaria UNE-EN ISO 20471:2013, para todos los integrantes de la dotación.
- Equipo de radio-telefonía de recepción-emisión eficaz en su área de actividad.
- Habitáculo del conductor con capacidad para acompañante, con dispositivo de puertas abiertas.
- Dotación básica para liberación de accidentados, como palanca pata de cabra, para abrir elementos bloqueados de vehículos, anclada a la estructura de la ambulancia mediante un soporte seguro.
- Iluminación auxiliar de largo alcance, extraíble y extensible.
- Espacio delimitado para el paciente mediante lunas translúcidas. En el caso de los vehículos de transporte colectivo, se podrá optar por otro dispositivo que asegure eventualmente la intimidad del paciente.
- Ventilación, calefacción e iluminación independientes de las del habitáculo del conductor, cuando las condiciones climáticas así lo exijan, que permitan unas condiciones confortables (20- 25 °C).
- Revestimientos interiores de las paredes lisos y sin elementos cortantes y suelo antideslizante, todos ellos impermeables, autoextinguibles, lavables y resistentes a los desinfectantes habituales.
- Puerta lateral derecha y puerta trasera con apertura suficiente para permitir el fácil acceso del paciente. La puerta lateral será de tipo corredizo, permitiendo una apertura de al menos 750 mm. La puerta posterior

de doble hoja con apertura de entre 180 y 270°, contando con un dispositivo que permita el bloqueo en esa posición. Ambas con apertura interior y exterior.

- Espacio delimitado para el paciente separado del habitáculo del conductor y con comunicación por ventanilla y/o interfono.
- Dimensiones: permitirán incorporarse al paciente en la camilla y el acceso del mismo.
- Sistema de iluminación interior, regulable, orientable y de intensidad suficiente para el tipo de asistencia a realizar.
- Sistema para soporte, fijación y deslizamiento de camilla con ruedas que permita una fácil y segura colocación y extracción de la misma con el paciente.
- Camilla, provista de cinturones de sujeción, de dimensiones y ruedas adecuadas a las dimensiones de la célula sanitaria y en todo caso suficiente.

Nota

La camilla deberá permitir posiciones de Trendelemburg positiva y negativa de hasta 30° por sí misma o por medio de un portacamillas. Permitirá abordar al paciente por todos los lados, dejando espacio libre en la cabecera.

Existen diferencias en lo que se refiere al espacio sanitario y al equipamiento, ya que, como se ha visto, los diferentes tipos de transporte sanitario terrestre se diferencian considerablemente en la dotación de material y en las dimensiones y estructura del espacio sanitario. Generalmente y, en especial, por lo que respecta la ambulancia asistencial, existen las siguientes pautas a cumplir:

- Deberá contar adicionalmente con una camilla de cuchara o de tijera y con silla de ruedas plegable.
- Dispositivo para suspensión de soluciones de perfusión intravenosa.

- Instalación fija de oxígeno, aislada eléctricamente, con tomas rápidas en las paredes convenientemente rotuladas. Dos botellas con capacidad total mínima de 2.000 l, con caudalímetros que permitan un flujo de 15 l/min, humificadores y manómetro de control de presión.
- Respirador que permita una función respiratoria de 10-40 ciclos por minuto y un aporte de O_2 al 50 y al 100 %; caudalímetro, manómetro de control de presión y válvula de sobrepresión (solo para ambulancias que vayan a prestar soporte vital avanzado).
- Ventilador manual tipo balón, válvula unidireccional y posibilidad de ventilación con FiO_2 mediante conexión a fuente de O_2 (adulto y niño).
- Equipo de aspiración eléctrico fijo o portátil con reservorio. La capacidad de aspiración será como mínimo de 300 mm de mercurio con el tubo ocluido, el flujo de succión no inferior a 3 l/min (con el tubo abierto) y la capacidad del colector no inferior a 0,5 l.
- Juegos de tubos endotraqueales, laringoscopios, mascarillas de ventilación adulto, niño y lactante.
- Maletines de resucitación cardiopulmonar diferenciados para adulto y niño, que permitan su utilización en el exterior de la ambulancia asistida, con el material adecuado.
- Monitor-desfibrilador: de tipo portátil con autonomía, provisto de palas o parches adhesivos que sirvan como electrodos de ECG y para desfibrilar, con los accesorios necesarios. Generador externo de marcapasos, con funcionamiento fijo y a demanda con posibilidad de regulación de intensidad de estímulos. Registrador de electrodos de un solo canal con posibilidad de conexión a monitores que permitan 12 derivaciones (solo para ambulancias que vayan a prestar soporte vital avanzado).
- Material fungible para punción y canalización percutánea venosa.
- Material que permita la inmovilización integral del paciente, así como la inmovilización de miembros superiores, inferiores y columna y juego de collarines cervicales.
- Material de cura y quirúrgico, equipos de sondaje y drenaje estériles y desechables.
- Recipiente frigorífico o isotermo con capacidad suficiente.
- Medicamentos.

Importante

Toda la medicación se deberá conservar en condiciones adecuadas de luz y temperatura y se revisará periódicamente la caducidad. Se evitarán los envases que se puedan dañar al golpearse o lesionar a los ocupantes.

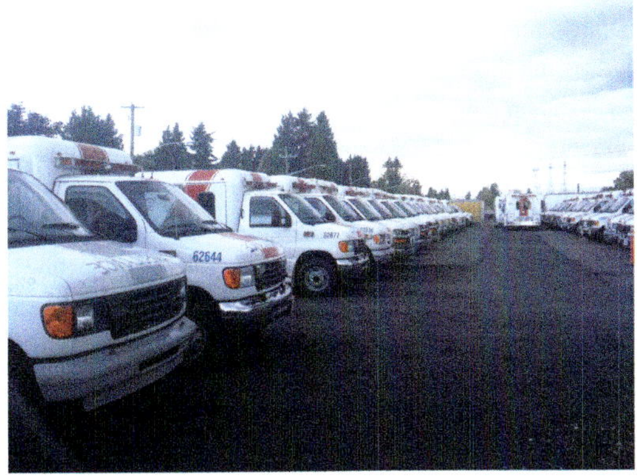

Ambulancias

Recuerde

La ambulancia debe estar dotada de un sistema para soporte, fijación y deslizamiento de camilla con ruedas que permita una fácil y segura colocación y extracción de la misma con el paciente. La camilla deberá permitir posiciones de Trendelemburg positiva y negativa de hasta 30º por sí misma o por medio de un portacamillas. Permitirá abordar al paciente por todos los lados, dejando espacio libre en la cabecera.

Aplicación práctica

En una ambulancia de soporte vital avanzado, debería confirmar la presencia de material y el funcionamiento de la maquinaria todos los días para ver que todo está a punto en caso de una urgencia o una emergencia. ¿Por qué orden iría comprobando el estado del material de la ambulancia?

SOLUCIÓN

Se comenzará primero por el análisis del material referido al vehículo, como el extintor de incendios, la ropa de protección de alta visibilidad, el equipo de radio-telefonía, mecánica de puertas para abrir y cerrar, la iluminación auxiliar, ventilación y calefacción, iluminación interior, espacio entre el conductor y la parte sanitaria, camilla y sistema de soporte de la camilla, etcétera. Después, se comprobará el material para la actuación sanitaria y de rescate, como camillas, dispositivo de suspensión de soluciones de perfusión intravenosa, respirador, ventilador manual, equipo de aspiración, tubos endotraqueales de diferentes tallas, collarines, equipos de soporte vital básico, desfibrilador, material de punción, cura y quirúrgico, aparato frigorífico y medicación necesaria.

6. Control de existencias de la dotación material del vehículo de transporte sanitario

Para un correcto desarrollo de las labores de transporte sanitario, resulta fundamental llevar un control exhaustivo y ordenado de la dotación material del vehículo.

Es necesario realizar una comprobación del material cuando sea necesaria, por el uso de este, reponiendo aquel material usado y revisando si el resto de material se encuentra almacenado en las cantidades establecidas. Además de esta comprobación esporádica, se realiza una revisión periódica, para comprobar la caducidad del inventario, su correcto estado.

Nota

Asimismo, se comprueba que los materiales estén almacenados en la proporción adecuada, según los criterios que se han seguido para la selección del material que posea el vehículo.

Los procedimientos para el control del material sanitario del vehículo son:

- Comprobar que el material está ajustado a los requerimientos del tipo de nivel asistencial, según la normativa vigente.
- Comprobar que el material existente pueda ponerse en perfecto funcionamiento.
- Comprobar la fecha de caducidad del material farmacológico, fungible y de cura.
- Retirar todo aquel material inservible y reponerlo con otro útil, según protocolos.
- Comprobar los niveles de O_2 contenidos en las balas y reponerlas si fuese necesario.
- Comprobar que tanto el material de autoprotección del vehículo como el material de señalización y balizamiento y el material de iluminación portátil (focos, alargaderas, linternas) son los adecuados según la normativa vigente y funcionan.

Para el examen de las existencias que posee la ambulancia, es necesaria la cumplimentación de una ficha, identificada con el personal que la realizó, la fecha y el motivo. En ella, se anota si existe déficit de algún material y se precisa su reposición o si se encuentra en correcto estado. Esta ficha se debe rellenar en caso de revisión periódica y en caso de revisión esporádica.

Sabía que...

El procedimiento de revisión, el material que deba llevar la ambulancia, las fechas de revisión y el formato de la ficha de revisión dependerán de la empresa con la que se trabaje.

La petición del material necesario se realiza para garantizar la operatividad de la unidad asistencial.

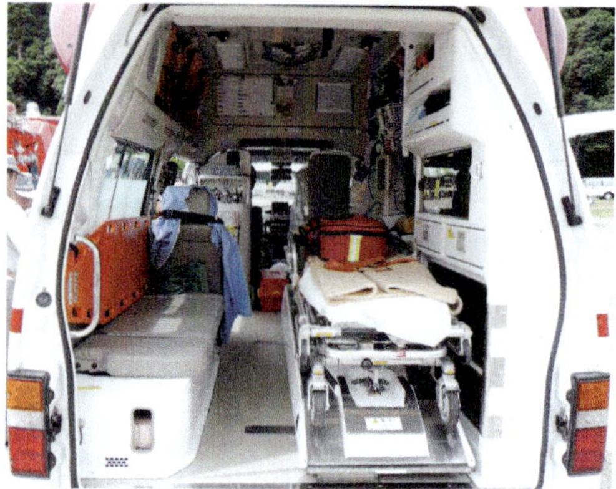

Dotación material de una ambulancia asistencial

Aplicación práctica

En una reposición del material de una determinada ambulancia, ¿cómo se plantearía la revisión del material y los objetos que faltan o los que hay reponer en más cantidad?

Continúa en página siguiente >>

<< Viene de página anterior

SOLUCIÓN

En primer lugar, habría que definir el tipo de ambulancia con la que se está trabajando. Después, el cometido que tiene dicha ambulancia y la actividad más usual que realiza y, a continuación, verificar, en el material que está en la ambulancia, la fecha de caducidad, quitar cantidad de material de los objetos de menor utilidad, comprobar el nivel de oxígeno en balas y material de focos, iluminación y balizamiento y protección.

7. Resumen

Hoy día son muchos los tipos y subtipos de transporte sanitario que atienden a las personas, tanto por tierra, como por aire o agua. Aun así, existe una clasificación general, pudiendo hablar de transporte sanitario de emergencia, transporte sanitario primario, secundario y programado.

En cuanto al transporte sanitario terrestre, es posible encontrar: ambulancia no asistencial, sin carácter de urgencia; ambulancia de soporte vital básico, para accidentados que puedan requerir asistencia en ruta; ambulancia de soporte vital avanzado, para accidentados con riesgo vital; transporte sanitario colectivo, para transporte conjunto de enfermos, y, por último, transporte sanitario de emergencia psiquiátrica, con más medios de sujeción de los habituales.

Lo más importante en una ambulancia es que siempre esté a punto y preparada. Por ello, dotar de material a la ambulancia según el nivel de asistencia es una de las prioridades para el buen desarrollo del cometido de estos medios. Entre ambulancias asistenciales, no asistenciales y transporte sanitario colectivo, las diferencias más importantes radican en las características del vehículo, el personal, la parte sanitaria y el equipamiento.

Al igual que hay que dotar de material la unidad de transporte, también es necesaria la verificación diaria de los materiales necesarios y de que las máquinas funcionan adecuadamente. La verificación se hace tanto de las características del vehículo como de las de la parte sanitaria, siendo esta la primordial y más importante. Es responsabilidad del equipo que trabaja con el transporte sanitario llevar a cabo la verificación, la puesta a punto, la petición de material necesario y la realización de los cambios oportunos para que la ambulancia esté lista ante una llamada de urgencia.

Ejercicios de repaso y autoevaluación

1. El transporte sanitario programado...

a. ... debe estar planificado 48 horas antes.
b. ... es el que se realiza a un centro sanitario desde el lugar donde se produce la urgencia.
c. ... se realiza con 24 horas de antelación o más.
d. ... es el conocido como "transporte interhospitalario".

2. Enumere las dos características básicas que diferencian a una ambulancia de soporte vital avanzado de otra de soporte vital básico.

____
____
____
____

3. En las ambulancias no asistenciales, el trasporte sanitario se lleva a cabo mediante...

a. ... ambulancias destinadas al trasporte de pacientes en camilla que no necesitan asistencia sanitaria durante el traslado.
b. ... ambulancias destinadas al trasporte de pacientes en silla de ruedas que no necesitan asistencia sanitaria durante el traslado.
c. ... coches destinados al trasporte de pacientes en camilla que no necesitan asistencia sanitaria durante el traslado.
d. ... ambulancias destinadas al trasporte de pacientes en camilla que necesitan asistencia sanitaria durante el traslado.

4. De las siguientes afirmaciones, diga cuál es verdadera o falsa.

a. En una ambulancia, por lo general, la camilla deberá permitir posiciones de Trendelemburg.

☐ Verdadero
☐ Falso

b. Si la ambulancia posee un respirador, no necesita llevar ventilador manual tipo balón.

☐ Verdadero
☐ Falso

5. Complete el siguiente texto.

El trasporte sanitario __________ tiene como fin __________ al paciente desde la __________ de la __________ o __________ hasta el __________ __________ en el que continuará su atención.

Capítulo 4

Gestión de existencias e inventario

Contenido

1. Introducción
2. Sistemas de almacenaje
3. Elaboración de fichas de almacén
4. Gestión de *stocks:* identificación y trazabilidad
5. Aplicaciones informáticas de gestión y control de almacén
6. Normas de seguridad e higiene, aplicadas en almacenes de instituciones y empresas sanitarias
7. Resumen

1. Introducción

Cualquier tipo de establecimiento cuyo principal fin sea prestar atención a la comunidad debe poseer una serie de materiales adecuados a las características de los demandantes para realizar correctamente su trabajo y favorecer una atención óptima. En el ámbito sanitario, ya sea una clínica médica, un hospital, un centro de salud, un centro de día, una residencia de 3ª edad o un centro asistencial, se necesita gran cantidad de material para lograr una asistencia lo más completa y beneficiosa posible y conseguir que el paciente sea atendido en las mejores condiciones posibles.

Debido al diverso y elevado número de técnicas que se pueden realizar en los distintos establecimientos que prestan servicios sanitarios (aplicaciones curativas, diagnósticas, preventivas, dedicadas a la promoción y fomento, etc.), es posible deducir que será necesario una gran cantidad de utensilios para la realización de tales servicios. De esta manera, es preciso disponer del instrumental adecuado a la demanda y poseer una provisión de material que sirva para satisfacer las necesidades de los usuarios, incluso en situaciones de demanda excesiva. Para ello, debe existir un sistema de gestión y administración de las existencias y del inventario adecuado.

Por otra parte, se debe mantener el material que en un futuro se use almacenado en las mejores condiciones ambientales y físicas para evitar que se estropee y se le dé un mal uso.

2. Sistemas de almacenaje

Un almacén es todo espacio o lugar donde se guardan o depositan materiales de diversa índole y de cualquier tamaño o condición. Mediante el término almacenaje, se hace alusión al acto o tarea de almacenar y custodiar los productos que se guardan en un almacén.

Para el almacenamiento de suministros, se ha de elegir un lugar adecuado. Además, será conveniente que los elementos se dispongan a través de unos criterios generales como, por ejemplo, la capacidad de espacio del almacén, una estructura que permita la correcta conservación de los suministros y unas medidas adecuadas de seguridad, así como una correcta ventilación e iluminación que permitan la perfecta conservación y mantenimiento del material almacenado.

Importante

Hay que tener en cuenta el listado del tipo de materiales al que se le va a dar cabida y su correcta disposición dentro del almacén.

2.1. Ventajas e inconvenientes

Existen dos sistemas de almacenamiento del material sanitario: sistema cerrado y sitema abierto.

Sistema cerrado

Se caracteriza por permitir la manipulación del material solo a aquel personal autorizado. Hay máxima seguridad y control estricto de mercancía, de forma que se debe contabilizar cada ingreso y cada extracción de productos.

Nota

Este sistema es propio en un almacén general de un hospital.

Toda la información está centralizada en un inventario permanente, que debe hacerse al menos una vez al año:

- Con un recuento anual fijo. Para ello es necesario que todo el funcionamiento de la empresa y el personal se organicen.
- Recuento permanente, dividiendo los *stocks* en 52 grupos iguales y contando cada uno de forma semanal. Así, se puede hacer continuamente y sin interrumpir el funcionamiento continuo de la empresa.
- Recuento en el punto más bajo, es decir, que el recuento se hace de forma irregular, siempre que el nivel de *stock* de un artículo llegue a su punto más bajo.

Sistema abierto

Se puede definir como aquel sistema en el que no existe limitación alguna a la hora de extraer o reponer material, pudiendo hacerlo personal no relacionado con el almacén. Este tipo de sistema pone poco énfasis en la seguridad y contabilidad de las mercancías y no suele llevar un inventario permanente. Se suele realizar un recuento dos veces al año de la siguiente forma: existencias = existencias iniciales + compras – salidas.

	VENTAJAS	INCONVENIENTES
SISTEMA ABIERTO	- Bajo coste de mantenimiento. - No se restringe la manipulación del material al personal.	- Menor formalidad en el recuento de instrumental. - Poco interés por la seguridad y contabilidad de mercancías. - Inventario esporádico.
SISTEMA CERRADO	- Mayor organización. - Registro más exhaustivo del material que se usa. - Alta seguridad. - Control estricto del material. - Inventario permanente.	- Elevado precio para su puesta en marcha y mantenimiento. - Limitación de la manipulación del material al personal. - Organización de todo el personal para su funcionamiento.

Nota

Este sistema es típico de los almacenes de menor tamaño en las plantas del hospital.

Para seleccionar uno u otro tipo de sistema de almacenamiento, en las mejores condiciones, se necesitan conocer las cualidades de cada material que se quiera almacenar.

2.2. Tipos de almacenes sanitarios

Atendiendo al número de elementos almacenados y a las necesidades cubiertas, es posible encontrar tres tipos de almacenes sanitarios.

Almacenes centrales

En estas grandes superficies se encuentran artículos muy diversos y en grandes cantidades. Este tipo de almacén abastece bien a un conjunto de hospitales de una zona o a un complejo hospitalario de gran tamaño.

Sabía que...

Puede llegar a abastecer a una provincia e incluso a una comunidad autónoma.

Almacenes generales

Contienen un número de ejemplares elevado de cada material sanitario que pueda ser necesario, para que haya existencias de todos los artículos en caso de que se trabajase a máximo rendimiento, en un periodo determinado en el tiempo.

Nota

Este tipo de almacenes se usa en establecimientos de gran tamaño, así como en aquellos de tamaño mediano-grande.

Almacenes pequeños

Reúnen un número mínimo de materiales para cubrir las necesidades de material en una unidad sanitaria, durante un pequeño intervalo de tiempo.

Almacén en frío y temperatura controlada

Almacenes específicos

Se usan para guardar elementos que posean características concretas, que deban almacenarse en otras condiciones, tales como: alimentos, cervecería, combustibles y gases, y farmacia.

Ejemplo

Los almacenes de una planta en el hospital y los almacenes de una consulta privada.

Alimentos

Para almacenarlos se necesita un lugar específico que permita su adecuada conservación, ya que son productos que pueden caducar en un tiempo determinado o con su manipulación y deben llevar un control estricto de sus existencias.

Importante

Se deben conservar aparte de los demás productos y en habitaciones especiales para cada alimento.

Lencería

Este almacén contiene todo el material textil que se usa en la institución, como por ejemplo sábanas, toallas, uniformes de personal, vestimenta de pacientes, etc.

Combustibles y gases

Existen depósitos para almacenar los gases que se administran a los pacientes, tales como el oxígeno.

Igualmente, también hay depósitos que contienen combustibles que se usarán para mantener la temperatura del hospital.

Farmacia

En este lugar se almacenan los fármacos que se suministrarán a cada unidad. Lo que más se utiliza es la combinación de almacén general y almacén pequeño, es decir, un almacenamiento mixto, en establecimientos medianos y pequeños, para así tener siempre los materiales que más se utilizan.

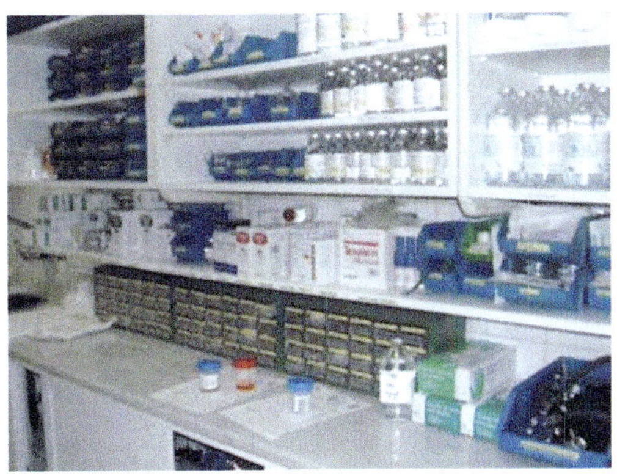

Almacén de control de enfermería

2.3. Clasificación de los medios materiales sanitarios. Criterios

Para empezar, hay que diferenciar dos amplios grupos de material sanitario: fármacos y/o medicamentos y productos sanitarios.

Fármacos y/o medicamentos

Son sustancias y combinaciones de ellas utilizadas para la prevención, diagnóstico, alivio, tratamiento o cura de enfermedades o problemas de salud.

Este tipo de sustancias necesitan unas características especiales de administración, tratamiento, fabricación y, por lo tanto, de almacenamiento, depositándose generalmente en el almacén específico de la farmacia del hospital.

Productos sanitarios

En los que se enmarcan los equipos, dispositivos, materiales, soportes e instrumentos que son necesarios para asistir adecuadamente al usuario. La clasificación de estos materiales es de muy diferente índole y puede atender a diversos criterios. Estos objetos son guantes, gasas, sueros, agujas, etc.

Tras tener definidos los dos grandes grupos de material dentro del campo de la sanidad, a continuación se van a hacer diferentes clasificaciones.

Atendiendo al uso y la duración

Material inventariable

No se consume con el uso y generalmente son instrumentos y equipos más caros. Algunos ejemplos de materiales inventariable son: respiradores de ventilación mecánica, electrocardiogramas, camas, grúas de desplazamiento de pacientes, etc.

Material fungible

Se refiere al material que se consume con una sola utilización o en varias, siendo normalmente en un periodo de tiempo corto. Dentro de este grupo, se puede diferenciar el material desechable de un solo uso, como el material de curas (suero, gasas, apósitos, mascarillas, etc.), del material reutilizable, como el pequeño instrumental.

Clasificación ABC

Consiste en agrupar todos los materiales y productos sanitarios en 3 categorías diferentes, o alguna más si fuese necesario, pero siempre siguiendo el principio de Pareto, en lo referido a la necesidad de control de existencias.

Grupo A

Incluye los recursos más caros, que tienen unas exigencias de almacenaje más altas y de los cuales existen pocas unidades. Así, es una pequeña cantidad respecto al resto de productos, pero deben estar especialmente controlados, ya que tienen un alto valor respecto al resto de porcentaje mayoritario de lo almacenado.

Grupo B

Son los artículos cuyo valor y cantidad es intermedia entre el grupo A y C. Estos requieren de un control menos específico que el A y más intenso que el C.

Grupo C

Abarca los artículos con un valor económico bajo, pero de los que debe haber una cantidad grande de unidades por su consumo excesivo. Los materiales de este grupo exigen un control bajo poco estricto.

Clasificación según exigencias de almacenamiento

Según las exigencias de almacenamiento, existen cinco categorías; estas se explican a continuación.

Material sin exigencias espaciales

Es el material que necesita condiciones básicas de almacenamiento, como una limpieza, temperatura, humedad y ventilación dentro de límites normales.

Material estéril

Lo más importante es que se mantenga la esterilidad, además de que se cumplan los requisitos mencionados anteriormente. El control se centra en el cuidado con la fecha de caducidad, indicadores de la esterilidad y deterioro del envase.

La manipulación de estos objetos debe de ser la mínima para la realización de su control.

Material lábil

Son las sustancias y productos que se deterioran con mucha facilidad por la acción de agentes físicos:

- **Productos perecederos:** tienen una fecha de caducidad menor de 5 años desde que se fabrican. En su envase, llevan un icono similar a un reloj de arena.
- **Productos termolábiles:** sufren modificaciones y alteración por el calor, con lo cual necesitan una temperatura óptima, desde un simple ambiente fresco de 10 a 20 °C o con refrigeración de 2 a 8 °C e incluso congelación. En ellos está dibujado el icono en forma de estrella.
- **Productos fotosensibles:** se alteran cuando son expuestos a la luz directamente. Por ello, están protegidos por embalajes especiales que no dejen pasar la luz.
- **Productos higroscópicos:** se alteran porque absorben el agua del medio, es decir, que no pueden estar expuestos a la humedad. Se distribuyen en embalajes especiales que permitan la sequedad.

Materiales peligrosos

Se trata de los productos que tienen riesgos, como los tóxicos, los reactivos o los sometidos a un proceso administrativo particular. Hay varios iconos para advertir el peligro del material, como productos explosivos, radiactivos, irritantes o tóxicos, entre otros.

Material caducado y defectuoso

Son los materiales que se rechazan porque están caducados o defectuosos, no pasan los controles de calidad y, en consecuencia, deben ser desechados del almacén. Se identifican bien y se separan del resto de material hasta que se destruyan, se devuelvan o se reacondicionen.

Almacén de un hospital

Importante

La clasificación ABC consiste en agrupar todos los materiales y productos sanitarios en 3 categorías diferentes, o alguna más si fuese necesario, pero siempre siguiendo el principio de Pareto, en lo referido a la necesidad de control de existencias.

3. Elaboración de fichas de almacén

Una de las funciones más importantes del almacén es el seguimiento de las existencias o, lo que es lo mismo, registrar y controlar el movimiento de los materiales. Para hacer posible esta tarea, es necesaria la creación de fichas de almacén e inventarios, que son sistemas de registro complementarios que permiten saber exactamente la cantidad de productos y/o materiales de cada clase de los que se puede disponer dentro de ese almacén.

3.1. Fichas de almacén

Las fichas de almacén son un registro constante de entradas y salidas de los artículos que allí se almacenan. Se llevan a la práctica con un documento específico que lo mismo puede ser físico (en formato papel) que en formato informático, mediante un programa de gestión de almacenes que facilita en cualquier momento copias impresas de cualquier registro y que, por lo tanto, es el más utilizado hoy en día.

Nota

No está estipulado ningún formato específico para este tipo de documentos y el diseño va a depender de cada almacén o empresa y del programa informático que usen.

Estos programas son bases de datos que realizan las fichas que necesita cada tipo de artículo.

Existen unas pautas generales que deben cumplir y datos que todos deben reflejar, como son:

- Identificación de la organización.
- Nombre del producto y su variedad (según la clasificación del almacén).
- Fecha de la realización y los datos del proveedor.
- Fecha en que entró al almacén.
- Número de facturación del material y número de serie o lote del material.
- Fecha de salida del almacén.
- Servicio al que se entrega.
- Número de unidades entregadas y precio por unidad.

ALMACÉN

ARTÍCULO		OBSERVACIONES:						EXISTENCIAS: Máxima: Mínima:		
CLASE										
FECHA	PROCEDENCIA O DESTINO	ENTRADAS			SALIDAS			EXISTENCIAS		
		CANTIDAD	PRECIO	TOTAL	CANTIDAD	PRECIO	TOTAL	CANTIDAD	PRECIO	TOTAL

Ficha de almacén

3.2. Inventarios

Existen también, como complementariedad a las fichas de almacén, los inventarios, que sirven para verificar cada un cierto periodo de tiempo que realmente las existencias y ausencias registradas en las fichas están en *stock*.

Recuerde

Las fichas de almacén son un registro constante de entradas y salidas de los artículos que allí se almacenan. Se llevan a la práctica con un documento específico que lo mismo puede en formato papel que en formato informático.

Se trata de un recuento manual de todos los productos que hay en el almacén, analizando a la vez los caducados o en deterioro, para posteriormente retirarlos.

El inventario se crea siguiendo los siguientes pasos:

- Situar cada elemento del almacén.
- Definir cada material almacenado lo más correctamente posible.
- Comprobar si el material existente en el almacén coincide con el registro de artículos archivados.
- Conocer y registrar cuáles son los elementos que se deben retirar por caducidad.
- Eliminar de los registros aquellos artículos que hayan sido retirados del almacén.
- Registrar los datos que se obtengan.

Tipos de inventario

El diseño del documento de inventariado depende de cada almacén en concreto. Existen tres modelos distintos de inventarios.

Inventario anual

Este es el proceso de inventariado mínimo que se le exige a una empresa. Se elabora una vez al año. Para que sea posible llevar a cabo este proceso, es necesario que se cesen las entradas y salidas de material del almacén.

Nota

Se suele realizar a la vez que el final del ejercicio económico.

La principal desventaja de este tipo de inventario es que, en el caso de que existiesen fallos, deben de ser analizadas las entradas y las salidas del almacén en un período de tiempo extenso.

Inventario permanente

Esta forma de inventariar es diaria, es decir que en cada jornada laboral se registrarán las entradas y las salidas de materiales del almacén.

Su mejor ventaja es la rapidez de identificar el foco del error, en caso de que este existiese, mientras que su principal inconveniente es la dificultad de llevarlo a cabo en almacenes en los que exista un alto porcentaje de entradas y salidas de material.

Inventario rotativo

Es una mezcla de los dos tipos anteriores. Está basado en el principio de Pareto: "una pequeña parte del esfuerzo consigue la mayor parte de los resultados". De esta forma:

- Una pequeña parte de los artículos supone un porcentaje alto del total almacenado.
- Una porción media supone un porcentaje medio.
- Una parte importante de lo almacenado supone un valor pequeño.

Así, se realizarán inventarios adaptados a las características de cada material (materiales perecederos, materiales estériles, etc.).

Aplicación práctica

Para poder registrar de forma continúa las entradas y salidas del material del almacén, se usa un sistema de gestión de almacenes en formato papel. El personal encargado de este registro, ante el pedido de esta mañana de jeringas estériles, anotó los siguientes datos:

Continúa en página siguiente >>

<< Viene de página anterior

- **Jeringas estériles de 5 ml.**
- **Proveedor: Ibernex ingenieria, S.L.**
- **Fecha de entrada del producto en el almacén: 02/04/2025.**
- **Nº de facturación: 0004_0006_0001_0003.**
- **Nº de serie: 8889616897888847.**
- **Servicio que las entrega.**
- **10.000 unidades entregadas a la supervisora de enfermería: Dolores Cárdenas Rodríguez.**
- **Duración del transporte del material: 3 h.**
- **Ciudad de origen del transporte del material: Sevilla.**
- **Cuidad de destino del transporte del material: Huelva.**

¿Cuáles de los datos que se muestran arriba son innecesarios y qué datos básicos no han sido registrados?

SOLUCIÓN

Datos innecesarios:

1. Se entregan a la supervisora de enfermería: Dolores Cárdenas Rodríguez.
2. Duración del transporte del material: 3 h.
3. Ciudad de origen del transporte del material: Sevilla.
4. Cuidad de destino del transporte del material: Huelva.

Datos básicos que no han sido registrados:

1. Fecha de realización del material.
2. Identificación de la organización.
3. Fecha de salida del almacén.
4. Servicio al que se entrega.
5. Precio por unidad entregada.

---

4. Gestión de *stocks:* identificación y trazabilidad

La gestión de existencias o *stocks* consiste en tomar una determinación sobre la cantidad y el tipo de productos que deben ser almacenados. Para esto, hay que tener en cuenta que debe haber un equilibrio entre la cantidad de productos (para que se pueda satisfacer la demanda) y el coste del almacenamiento, que no debe de ser excesivo, ya que el almacenamiento genera costes para la organización.

Existen dos tipos de *stocks*:

- ***Stock* activo o normal:** el que se necesita para el mantenimiento de la actividad dentro de la organización.
- ***Stock* extraordinario:** el necesario para poder atender una demanda excesiva o el utilizado para abaratar costes por compra al adquirir grandes cantidades.

En la actualidad, las empresas tienden a mantener sus almacenes al mínimo nivel posible para así reducir costes. No obstante, mantener los depósitos en niveles mínimos conlleva el riesgo de no poder abastecer en un momento dado, más aún en aquellas actividades en las cuales la demanda es cambiante e imprevista. Si esto ocurriese y faltasen artículos ante una demanda, se daría una situación de "rotura de *stocks*" o "rotura de inventarios". Para evitar esta situación, debe haber siempre unos depósitos o *stocks* mínimos de cada artículo, que se pautan según plazos de entrega de proveedores (el tiempo que tardan en entregar el material demandado) y según la demanda previsible.

Uno de los métodos que se usa en los almacenes para garantizar la seguridad son los depósitos o *stocks* de seguridad, con el objetivo de poder satisfacer en un momento determinado unas demandas excesivas o largas esperas del inventario del almacén.

Realización de stocks de un almacén

Recuerde

El tamaño de este depósito dependerá de dos valores: el tiempo entre una reposición y otra y la demanda de productos.

Depósito o *stock* máximo es un concepto que se refiere al conjunto de material que se puede llegar a almacenar, variando este en función del capital que se invierta en la compra de productos y según la capacidad física que exista para almacenar.

Existe un modelo de almacenamiento, denominado "de previsión perfecta", que se usa cuando se pueden establecer fechas exactas de reposición o de petición de material y se puede prever cuándo se acabará lo almacenado. Este modelo se caracteriza por poder pedir el material en el mejor instante y teniendo en cuenta los momentos en los que será entregado.

Gráfica de gestión de *stock*

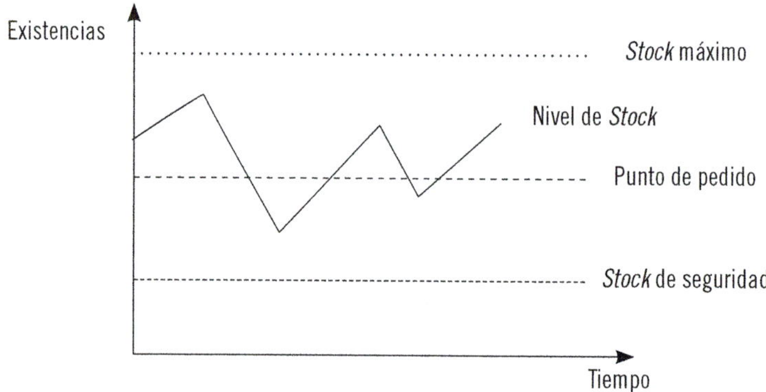

Recuerde

En la actualidad, las empresas tienden a mantener sus almacenes al mínimo nivel posible para reducir costes. No obstante, mantener los depósitos en niveles mínimos conlleva el riesgo de no poder abastecer en un momento dado.

Aplicación práctica

Es enfermero de un hospital pequeño de Valencia cuyas plantas están muy desocupadas, puesto que los pacientes normalmente se encuentran en otros hospitales mayores. El almacén funciona al mínimo nivel para reducir costes y la cantidad de material almacenado está en relación al número de pacientes que ocupan las habitaciones.

En un hospital cercano ha habido un incendio y ha sido necesario desalojar a los pacientes de las 4 plantas superiores, transportándolos a otros hospitales cercanos. La mayoría han sido transportados a su hospital por su alta desocupación.

¿Qué problema puede acontecer en estos momentos en relación con el sistema de almacenamiento del hospital?

SOLUCIÓN

En esta situación se ha dado una "rotura de *stocks*" o "rotura de inventarios", producida por la existencia de una demanda excesiva inesperada, que ocasiona una escasez de productos para abastecer a todos los ocupantes del hospital. Para evitar esta situación, debe haber siempre unos depósitos o *stocks* mínimos de cada artículo, que se pautan según plazos de entrega de proveedores (el tiempo que tardan en entregar el material demandado) y según la demanda previsible. Además, debe existir un depósito o *stock* de seguridad que sirva para poder satisfacer en un momento determinado unas demandas elevadas del inventario del almacén, como ha ocurrido en este caso. Así, se evitará que el hospital se quede sin reservas para atender situaciones como esta.

5. Aplicaciones informáticas de gestión y control de almacén

Las nuevas tecnologías y su aplicación en la gestión de los almacenes están evolucionando rápidamente, convirtiéndose en una de las áreas logísticas con mayor integración.

Nota

Las actividades que se realizan dentro del almacén no dan un valar añadido al producto con el que se trabaja, como pasa en otras partes de la empresa. Por ello, se ha intentado conseguir la automatización de esas actividades.

Entre las distintas aplicaciones dedicadas a la gestión y control del almacén, destacan dos tipos: aplicaciones para el control de almacenes hospitalarios y para la gestión de almacenes sanitarios pequeños.

5.1. Aplicaciones para el control de almacenes hospitalarios

También se conocen como aplicaciones informáticas de gestión de suministros. Dichas aplicaciones son específicas para cada tipo de almacén y pueden estar incluidas en una aplicación más amplia para la administración de todo el centro sanitario.

Las aplicaciones de control de suministros emplean para su trabajo información referida a los artículos, a los proveedores, a los almacenes o a sus secciones y a los servicios o unidades del hospital.

En este tipo de programas informáticos, es necesario introducir una serie de datos iniciales, que serán útiles para el manejo de la gestión de almacenes del hospital. Esta información se almacena en una base de datos y, una vez introducida, ya es posible llevar a cabo las siguientes operaciones:

- Controlar la demanda de material y los pedidos del hospital.
- Tramitar la recepción de los inventarios de los almacenes del hospital.
- Comprobar que los albaranes de compra están en correcto estado.
- Control de los pedidos de cada unidad y servicio del hospital.
- Realizar estadísticas del uso de los diversos materiales, según su uso y consumo, según la unidad que la demande, según la magnitud del pedido, etc.

5.2. Aplicación informática para la gestión de almacenes sanitarios pequeños

Existen una gran diversidad de aplicaciones informáticas que pueden servir para el control y gestión de pequeños almacenes. Algunos de estos programas pueden servir simplemente para facilitar una consulta por parte de un empleado del hospital; otras aplicaciones de gestión general pueden incluir aplicaciones específicas para la facturación y gestión de almacenes; otros programas, además de poder ser útiles para distintos usos, como la gestión de historias clínicas, citas médicas, pruebas diagnósticas, etc., son capaces también de llevar un control de la facturación y del almacenaje.

El proceso que se sigue a la hora de la utilización de la aplicación informática para el almacén es el siguiente:

- Introducir el nuevo material del almacén en la base de datos.
- En situaciones de compraventa, el propio programa ofrecerá aquellos documentos que son necesarios para tal fin, como por ejemplo el albarán, las facturas, presupuestos, etc. Dependiendo de cuál sea ese fin, se generarán unos documentos u otros.
- Además, en el mismo programa se realizarán los cálculos oportunos, tales como aplicaciones de descuentos o de IVA; se calculará el número de existencias totales que resten después de la compraventa.
- Permiten la búsqueda de documentos que estén almacenados en la base de datos; permiten convertir presupuestos en facturas y una gran diversidad de aplicaciones.

- En los documentos que se saquen para gestionar una compraventa, se podrán detallar datos tan útiles como el nombre de la empresa, su dirección, etc.
- En estos programas se suele incluir una serie de actividades que facilitarán aún más la gestión.

Proceso de gestión informática en un almacén

En cuanto a los sistemas de codificación, estos son necesarios para la implantación de alguno de los sistemas de gestión de almacenes. Dichos sistemas no necesitan cambiar la terminología o codificación que ya exista dentro del almacén para funcionar, característica que reduce la posibilidad de cometer fallos al pasar los códigos de un sistema a otro, con lo cual la gestión se convierte en una actividad cómoda y asequible.

Ejemplo

Agenda, calculadora, programa para editar textos, etc.

En estos últimos tiempos, los sistemas de almacenaje han avanzado a pasos agigantados, en paralelo al avance del rol del almacén dentro de las organizaciones.

Nota

De los palés, se ha evolucionado a las estanterías móviles y, más modernos aún, los almacenes automáticos. Estos últimos tienen como ventaja más relevante la rentabilidad y el ahorro de esfuerzo en la preparación de pedidos, ya que se ahorra el tiempo, mano de obra, son altamente fiables, dan lugar a un mejor control del inventario y ahorran espacio.

Sistema informático de gestión y coordinación de los procesos que se llevan a cabo en un almacén

6. Normas de seguridad e higiene, aplicadas en almacenes de instituciones y empresas sanitarias

Un requisito indispensable en un almacén sanitario es mantener unos niveles de seguridad adecuados, promoviendo una manipulación ordenada de las existencias y su perfecto mantenimiento en las condiciones más favorables. Por ello, se debe asegurar que:

- Permanecerán las cualidades físicas y químicas de los productos, tal cual lo establece el distribuidor, permitiendo su uso adecuado y seguro. Para ello, se deben cumplir con exactitud las condiciones de almacenaje y manipulación.
- Existirá garantía de que los productos utilizados son auténticos.

- Se mantendrá una revisión del material almacenado, para garantizar que se encuentra en perfectas condiciones para su uso y que no se encuentra en caducidad.
- Los objetos almacenados irán cambiando de posición, evitando así que los más antiguos queden en los lugares menos accesibles y, por lo tanto, puedan deteriorarse con el tiempo.

En los almacenes sanitarios es necesario que existan unas condiciones de estructuración del espacio y de limpieza de las zonas correctas para mantener un ambiente óptimo de conservación del material.

Para que todo esto sea posible y se garanticen las máximas características de seguridad e higiene en el entrono de trabajo, el Gobierno tiene la obligación de elaborar la legislación referida a esta aportación de seguridad y de higiene en el trabajo. Así, está en vigor la Ley 31/1995, de 8 de noviembre, de Prevención de Riesgos Laborales, en la que se le deriva a los poderes públicos el deber de proporcionar la máxima seguridad e higiene en el entorno laboral, como uno de los principios fundamentales en la seguridad política y económica.

Mediante esta Ley, se asegurará el desarrollo de una política de protección de la salud de los trabajadores, a partir de la prevención de los riesgos laborales, la protección de la seguridad y de la salud, disminución de los riesgos en el trabajo, la información, la consulta, la participación equilibrada y la formación de los trabajadores en materia preventiva.

Para el cumplimiento de estos fines, esta ley regula las actuaciones a desarrollar por las Administraciones públicas, así como por los empresarios, los trabajadores y sus respectivas organizaciones.

Recuerde

Los objetos almacenados irán cambiando de posición, evitando así que los más antiguos queden en los lugares menos accesibles y, por lo tanto, puedan deteriorarse con el tiempo.

Dicho mandato constitucional se incluye el marco general de desarrollo de las diversas actuaciones de prevención, según dicte la Unión Europea, la cual garantiza su aportación en la mejora paulatina de las condiciones laborales, proponiéndose un objetivo de progreso con la mejora mantenida de las condiciones de trabajo en los distintos países europeos.

Importante

Las disposiciones de carácter laboral contenidas en esta ley y en sus normas de reglamento tendrán en todo caso el carácter de derecho necesario mínimo indispensable, pudiendo ser mejoradas y desarrolladas en los convenios colectivos.

En España, diversos artículos y directivas están centrados en la consecución de un nivel óptimo de seguridad e higiene en los ambientes laborales. Como destacados, cabe citar:

- **Artículo 118 A):** en el que se promueve la mejora del medio de trabajo para la consecución del objetivo antes citado.
- **Directiva 89/654/CEE de 30 de Noviembre:** esta normativa europea que se relaciona con las disposiciones mínimas de seguridad y de salud en los lugares de trabajo (derivada de la primera directiva específica con arreglo al apartado 1 del artículo 16 de la Directiva 89/391/CEE).
- **Artículo 149.1.18ª de la Constitución:** dirigido a abordar de manera global y coherente el conjunto de los problemas derivados de los riesgos con el trabajo, cualquiera que sea el ámbito en el que el trabajo se preste.

Nota

El lugar de trabajo cumplirá las disposiciones mínimas del R. D. en cuanto a condiciones constructivas, orden, limpieza y mantenimiento, señalización, instalaciones de servicios de protección, condiciones ambientales, iluminación, servicios higiénicos, locales de descanso y de primeros auxilios.

Cabe destacar como elemento relevante en materia de seguridad e higiene el Real Decreto 486/1997, de 14 de abril, por el que se establecen las disposiciones mínimas de seguridad y salud en los lugares de trabajo. Este se incluye en la Ley 31/1995, de 8 de noviembre, de Prevención de Riesgos Laborales y destacan las siguientes disposiciones:

- **Artículo 1:** establece las disposiciones mínimas de seguridad y de salud aplicables a los lugares de trabajo, incluyendo en estos los servicios higiénicos y locales de descanso, los locales de primeros auxilios y los comedores.
- **Artículo 3:** el empresario está obligado a adoptar las medidas necesarias para que la utilización de los lugares de trabajo no origine riesgos para la seguridad y la salud de los trabajadores.
- **Artículo 4:** el diseño y las características constructivas de los lugares de trabajo deberá ofrecer seguridad. Se debe facilitar el desalojo en situaciones de emergencia.
- **Artículo 5:** el orden, la limpieza, el mantenimiento y la señalización de los lugares de trabajo deberán cumplir con lo dispuesto en el Real Decreto 485/1997, de 14 de abril:

  - Los pasillos, las salidas de emergencia, las entradas, etc., deben estar libres de obstáculos.
  - Los lugares de trabajo se limpiarán periódicamente y siempre que sea necesario para mantenerlos en todo momento en las condiciones higiénicas adecuadas. Las características de los suelos, techos y paredes deben de ser de tal forma que permitan su limpieza y mantenimiento.

- Se eliminarán con rapidez los desperdicios, las manchas de grasa, los residuos de sustancias peligrosas, las sustancias orgánicas, etc., es decir, todo lo que pueda contaminar el medio de trabajo.
- La limpieza no puede ser por sí sola un forma de riesgo. Se debe realizar en el momento, de la forma y con los medios necesarios.
- Los lugares de trabajo y, en particular, sus instalaciones, deberán ser objeto de un mantenimiento periódico, de forma que sus condiciones de funcionamiento satisfagan siempre las especificaciones del proyecto, subsanándose con rapidez las deficiencias que puedan afectar a la seguridad y a la salud de los trabajadores.
- Si se usa una instalación de ventilación, deberá mantenerse en buen estado de funcionamiento y un sistema de control deberá indicar toda avería, siempre que sea necesario para la salud de los trabajadores.

- **Artículo 6:** las instalaciones y los servicios de protección de los lugares de trabajo deberán cumplir las disposiciones mínimas establecidas en este real decreto, así como las que se deriven de las reglamentaciones específicas de seguridad que resulten de aplicación.
- **Artículo 7:** la exposición a las condiciones ambientales de los lugares de trabajo no deberá suponer un riesgo para la seguridad y salud de los trabajadores.
- **Servicios higiénicos y locales de descanso:**

  - Los lugares de trabajo dispondrán de agua potable en cantidad suficiente y accesible. Se evitará la contaminación del agua, se advertirá con señales su potabilización.
  - Los lugares de trabajo dispondrán de vestuarios si precisasen, siempre correctamente limpios e higiénicos para evitar contaminación.
  - También se dispondrá de lavabos con jabón y toallas, así como duchas si fuese necesario.
  - Se dispondrá de retretes cerca del lugar de trabajo e higiénicos.
  - Se dispondrán locales de descanso de fácil acceso.

La exposición a los agentes físicos, químicos y biológicos del ambiente de trabajo se regirá por lo dispuesto en su normativa específica, siempre evitando la existencia de riesgo para los trabajadores y, si esto no fuese posible, intentando reducir al máximo este riesgo.

6.1. Construcción y estructura

En los establecimientos dedicados al almacenamiento del material, se deben cumplir una serie de normas de seguridad tanto para el personal que acude a ellos como para el propio instrumental almacenado. Deben realizarse revisiones periódicas de las instalaciones eléctricas, debe asegurarse una sujeción adecuada tanto de materiales como de estantes para evitar caídas de estos y los posibles daños al personal, también debe desaparecer cualquier tipo de obstáculo que pueda llevar a caídas o choques.

La estructura del almacén debe tener en cuenta la posibilidad de una evacuación emergente y tendrá que contar con salidas de emergencias bien señalizadas y buenos accesos al exterior.

Nota

El tamaño de un almacén debe ser el adecuado para facilitar su acceso, su estancia y su desplazamiento dentro de él.

Debe existir una adecuada señalización de aquellos lugares peligrosos por sus condiciones agresivas a su exposición, ya sea física, mecánica o química.

6.2. Limpieza

El interior del almacén tiene que estar hecho con un material que se pueda limpiar con facilidad. Deben ser superficies planas sin huecos donde se puedan acumular el polvo y la suciedad.

Las condiciones ambientales (temperatura, saturación del ambiente, corrientes de aire, etc.) deben propiciar la conservación del material y su correcto mantenimiento y deben estar ajustadas a las características del lugar (tamaño y disposición).

Es necesario que, de forma periódica, se desinfecte la zona, para conseguir una correcta higiene.

Nota

También deben usarse raticidas e insecticidas para evitar que estos lugares sean habitados por otros seres vivos que pueden transmitir infecciones y contaminar los productos.

6.3. Zonas del almacén

En un almacén es necesario que existan áreas determinadas para ciertos usos, como por ejemplo una especial para carga y descarga a la que se pueda acceder fácilmente desde el exterior. También debe haber un espacio dedicado al desecho de basura y material inservible conectada con el exterior.

Dentro de la zona donde se almacenan los desechos, deben clasificarse estos según su peligrosidad y su capacidad contaminante. Así, aquellos que tienen un mayor poder contaminante (productos químicos) o mayor peligrosidad por transmisión biológica de infecciones (agujas, tijeras, material de curas, bisturís, etc.) deben almacenarse en contenedores especiales aislados herméticamente y debidamente señalizados gráficamente para advertir de su peligrosidad.

Según el tipo de conservación de cada material, este se colocará en una zona u otra del almacén.

Ejemplo

Existirán zonas con una temperatura más elevada, otras más frías, otras con menor o mayor humedad, otras con mejor ventilación, etc, siempre adecuándose a las características de cada material almacenado.

También se reservará un área del almacén para depositar aquel material que no posea las condiciones correctas para su uso y que deba devolverse, así como para contener productos caducados o estropeados. Sería favorable que existiese una superficie de preparación/acondicionamiento para que puedan salir productos que así lo requieran.

Además, se dedicará un lugar del almacén para gestionar y administrar todo lo que se vaya a almacenar, al igual que los pedidos, las devoluciones, etc.

Aplicación práctica

Imagine que es el enfermero de un hospital y se encuentra en el almacén de la planta en la que está trabajando. Al observar la zona, puede visualizar lo siguiente:

- **La pared está hecha con pequeños azulejos de blancos con surcos de colores entre ellos.**
- **Las estanterías están sujetas al suelo con tornillos grandes.**
- **La caja donde se encuentran almacenadas las vendas está colocada a 2,25 m sobre el suelo.**
- **Los abocats para las vías periféricas están colocados todos juntos en un solo recipiente.**

Continúa en página siguiente >>

<< Viene de página anterior

- **Existe un sistema de ventilación en el local.**
- **Existe un contenedor donde se desecha la basura. En él hay material punzante.**
- **Se puede ver como una araña se desplaza por el techo.**

De todo lo que se observa en este almacén, diga qué se encuentra de forma correcta y qué no y anote como lo cambiaría.

SOLUCIÓN

La pared debe ser una superficie lisa de fácil limpieza. No debe de tener huecos donde se pueda acumular el polvo.

Como sucede en este almacén, las estanterías tienen que estar bien ancladas al suelo para evitar que se puedan caer y puedan lesionar al personal y/o dañar el material.

Las vendas están colocadas a 2,25 m, un lugar poco accesible y más para un material de tan frecuente uso. Habrá bastantes profesionales que para acceder a ellas necesiten de otros medios, como escaleras, y, por lo tanto, aumenta la posibilidad de que ocurra un accidente. De esta forma, las estanterías deben ser lo más accesibles posible a todas las personas que vayan a usarlas y evitar el uso de otros medios accesorios que puedan causar problemas.

La caja donde se acumulan los abocats para la colocación de vías periféricas sin distinción del calibre de cada uno de ellos puede llevar a equivocaciones a la hora de elegir uno u otro calibre y, por tanto, puede ser peligroso. Dentro de la clasificación de un tipo de material en el almacén, se deben distinguir aquellos con características especiales.

En el almacén existe un sistema de ventilación, que es útil para evitar contaminaciones del ambiente y renovar y purificar el aire de la zona.

Con respecto a la eliminación de la basura y del material de desecho, se deben diferenciar zonas específicas para contener cada tipo de material que se vaya a eliminar. Los materiales punzantes deben desecharse en contenedores debidamente señalizados y herméticamente cerrados para evitar un contacto y posible infección.

Debe existir una correcta desinfección de la zona, incluyendo la desinsectación y desratización, ya que estos seres vivos pueden alterar los materiales y son portadores de muchas infecciones.

7. Resumen

Existen distintos tipos de almacenes según las necesidades y la función (para surtir a una planta, a un hospital, a varios hospitales, a una comarca, etc.). Al mismo tiempo, existen distintos sistemas de almacenaje, cuya elección dependerá de las características del centro que los emplee y del uso que se le vaya a dar al almacén.

Para facilitar el almacenamiento y conseguir una mayor organización y eficacia, existen distintas formas de clasificar los materiales: atendiendo al uso y la duración, según exigencias de almacenamiento y clasificación ABC (siguiendo el principio de Pareto).

Es necesario registrar y controlar el movimiento de los materiales de un almacén para llevar un seguimiento de las existencias. Aquí juegan un papel importante las fichas de almacén, que sirven de registro constante de los materiales. Actualmente, existen sistemas informáticos para la gestión, control y coordinación del almacén, que facilitan actividades como la preparación de pedidos, la realización de recuentos y la regulación de las condiciones de temperatura y humedad, entre otras ventajas.

Ante todo esto, el almacén debe contar con unas normas y principios que tienen que seguir todas las personas que quieran llevar a cabo alguna actividad dentro de este espacio, como limpieza, reflejo de entradas y salidas de material, vestimenta, etc. Por otra parte, hay que dividir el almacén en distintos espacios dedicados a diferentes tareas (material fotosensible, productos de congelación o productos a eliminar por caducidad).

En conclusión, hay que respetar las normas para que todo esté en equilibrio y mantener un criterio de clasificación que permita la fácil localización de un determinado producto en cualquier momento.

Ejercicios de repaso y autoevaluación

1. ¿Cuál de las siguientes es una ventaja del sistema de almacenaje abierto?

a. Su coste es más reducido que en el sistema cerrado.
b. Existe una menor formalidad en el recuento de instrumental.
c. Va a facilitar una mayor organización y un registro más exhaustivo del material.
d. Su mantenimiento genera un elevado precio.

2. ¿Qué diferencia existe entre un sistema de almacenamiento cerrado y otro abierto?

____
____
____
____

3. De los siguientes tipos de *stock*, ¿cuál se caracteriza por ser necesario para poder atender una demanda excesiva y ser utilizado para abaratar costes al comprar grandes cantidades de productos?

a. *Stock* efectivo.
b. *Stock* activo.
c. *Stock* extraordinario.
d. *Stock* normal.

4. **En la columna A, están las clasificaciones de los medios materiales sanitarios y, en la columna B, dos de los criterios de clasificación. Relacione ambas columnas según corresponda.**

COLUMNA A	COLUMNA B
Material estéril	
Material fungible	ATENDIENDO AL USO Y LA DURACIÓN
Material sin exigencias espaciales	
Material inventariable	
Material lábil	SEGÚN EXIGENCIAS DE ALMACENAMIENTO
Material caducado y defectuoso	

5. **Complete el siguiente texto.**

Un requisito __________ en un almacén sanitario es __________ unos niveles de __________ adecuados, promoviendo una __________ adecuada de las __________ y su perfecto __________ en las __________ más favorables.

Capítulo 5

Garantía de calidad

Contenido

1. Introducción
2. Introducción a la garantía de calidad
3. Calidad en la asistencia sanitaria
4. Legislación vigente aplicable a la garantía de calidad
5. Relación de la documentación con el control de calidad y la trazabilidad
6. Resumen

1. Introducción

En este capítulo, se van a desarrollar los diferentes aspectos de la garantía de calidad y con ello las deficiencias y avances de la aplicación de la calidad en el desarrollo de la profesión de la sanidad en su relación con el paciente y, por tanto, el producto final de su cartera de servicios, entendido esto como la resultante satisfacción, tanto del usuario como del profesional.

Existen normas y controles de calidad a la hora de prestar servicios para que los pasos a seguir estén pautados, exista un límite marcado y, así, la igualdad en la asistencia de los diferentes centros sea máxima.

Para poder poner limitaciones y fomentar la calidad, hay que medir la actuación y el grado en que se lleva a cabo, para lo que existen evaluaciones de la garantía de calidad desde un punto de vista interno y externo.

Dentro de la calidad en la asistencia sanitaria, existe una serie de indicadores que muestran si la calidad está siendo adecuada a la práctica clínica que se está llevando a cabo y, además, sirven de base para el cambio y nuevas propuestas de aplicación de calidad dentro de la actividad sanitaria.

La documentación de todo ello ayuda al control de la calidad y a la descripción del resultado final del producto o servicio en cada uno de los puntos del proceso, lo que da origen a la trazabilidad.

2. Introducción a la garantía de calidad

Cuando se habla de garantía de calidad, se refiere al grado en el que los servicios de salud incrementan la probabilidad de resultados deseados y coherentes con el conocimiento profesional actual para los individuos y las poblaciones.

Nota

La garantía de calidad responde al término *Quality Assurance (QC)*. Este término busca: reducir los costes, aumentar la productividad y aumentar la confianza del cliente.

El principal objetivo que persigue la garantía de calidad es asegurar la empresa, al individuo o la población, la calidad de un producto o servicio.

La garantía de calidad, como elemento base, se apoya en la competencia científico-técnica. Así, representa un modelo de calidad absoluto ideal. Su límite es el máximo nivel de conocimiento científico y tecnológico del momento.

Garantía de calidad en Patología de la Sociedad Española de Anatomía Patológica

2.1. Normas de calidad

La Organización Internacional de Normalización (ISO) es una federación mundial de organismos nacionales de normalización. Los comités técnicos miembros de la ISO se encargan generalmente de elaborar normas internacionales. Los comités nacionales que sean miembros y estén interesados por un tema especial, tienen todo el derecho a formar parte del comité técnico que ha sido originado para esta tarea.

La publicación de las normas internacionales de la serie ISO 9000, en 1987, seguía una serie de exigencias básicas de gestión de calidad. Dichas normas se hicieron para aplicarlas principalmente en las empresas, más concretamente en las relaciones establecidas entre el comprador y el vendedor, lo que daba la ventaja a las empresas de realizar múltiples evaluaciones.

Así, se puede llegar a una definición más clara de la familia ISO como una congregación de normas internacionales y guías de calidad que están reconocidas y se utilizan en todo el mundo, sirviendo de base para el establecimiento de sistemas de gestión de calidad.

Las normas ISO 9000 para el seguro de la calidad están compuestas por varias partes: las pautas para seleccionar los modelos de aseguramiento de la calidad, el vocabulario y requisitos para sistemas de calidad de empresas que solo trabajan en determinadas etapas del ciclo del producto final.

Icono de certificación de práctica de la Norma ISO 9001

Recuerde

La garantía de calidad, como elemento base, se apoya en la competencia científico-técnica. Así, representa un modelo de calidad absoluto ideal. Su límite es el máximo nivel de conocimiento científico y tecnológico del momento.

En la actualidad se aplica la norma ISO 9001, publicada el 23 de septiembre de 2015, para determinar los requisitos para acreditar los sistemas de gestión de la calidad.

- Reducción de desechos, pérdida de tiempo e insatisfacción de los clientes.
- Creación de una conciencia de calidad y mayor satisfacción de los trabajadores en el desarrollo de su cometido. Todo esto dará lugar a una mejora en la cultura y calidad de la empresa.
- Mejoría en el diseño y calidad del producto resultante.
- Mayor eficacia en la utilización de medios y materiales disponibles, como la mano de obra, máquinas, etcétera, obteniendo así una mayor productividad.

Aplicación práctica

Se encuentra en una empresa madrileña dedicada a ofertar atención sanitaria a la población. En el último año, se encuentra en quiebra, ya no acude suficiente gente para utilizar sus servicios y el director de la empresa empieza a ver difícil solución para volver a ser la empresa que era. En última instancia y tras haber intentado solucionar su problema empresarial varias veces por sí solo, decide pedirle opinión a usted, empleado de su empresa.

Para intentar dar con el problema, usted decide preguntar directamente a los usuarios qué les parece la calidad ofertada por la empresa. Según lo que le han contado, puede concluir lo siguiente:

- **Las esperas para recibir la atención solicitada son demasiado largas.**
- **La mayoría de los empleados no satisface las necesidades demandadas por los clientes.**
- **El material usado en la empresa para prestar sus servicios es antiguo.**
- **La estructura y distribución del edificio en el que se prestan los servicios están anticuadas para los avances y exigencias actuales.**
- **Los propios empleados no están concienciados con que tienen que ofrecer el mejor producto y con la mayor eficiencia y eficacia.**
- **Se le prometen al cliente cosas que luego no será posible llevar a cabo con los propios medios de los que dispone el centro.**
- **Estando en sus manos encontrar una solución para evitar el quiebre de esta empresa, ¿qué solución le plantearía al empresario?**

Continúa en página siguiente >>

<< Viene de página anterior

SOLUCIÓN

La solución sería la puesta en marcha de un plan de atención al cliente que cumpla las directrices establecidas por la ISO 9004, que es un conjunto de normas internacionales y guías de calidad, reconocidas y utilizadas a nivel mundial como base para establecer sistemas de gestión de calidad. Estas normas de calidad tienen las siguientes ventajas:

- Reducción de desechos, de pérdida de tiempo y de insatisfacción de clientes.
- Creación de una conciencia de la calidad y mayor satisfacción de los empleados en el desempeño de su actividad, lo que da lugar a una mejora de la cultura y calidad de la empresa.
- Mejor diseño y calidad del producto.
- Utilización eficaz de medios y materiales disponibles, como mano de obra, máquinas, etcétera, dando lugar a una mayor productividad.

2.2. Control de calidad en la prestación del servicio

Se trata de un conjunto de técnicas y actividades que tienen como objetivo la evaluación de los requisitos que deben cumplirse para asegurar la calidad del producto o servicio.

Para que el funcionamiento de una empresa sea positivo y favorable, sus productos y servicios deben tener como principal preocupación la calidad.

Para asegurar la calidad de una empresa, se utilizan los siguientes controles o registros:

- Hoja de control o registro: recopila y clasifica informaciones.
- Diagrama de Pareto: prioriza los problemas y el origen de estos.
- Diagrama causa-efecto.
- Análisis por estratificación.
- Diagrama de dispersión, para el estudio de variables.
- Gráfica de control: estudia la variación de cualquier proceso.

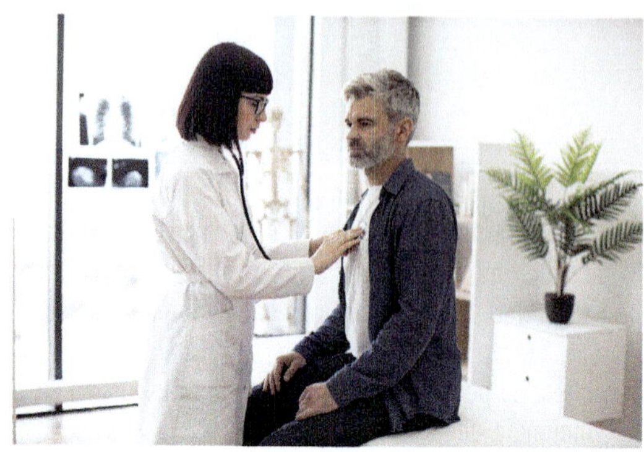

Práctica asistencial en un hospital

Nota

Se deben tener en cuenta una serie de aspectos, como la supervisión, especificaciones técnicas, la inspección, la instalación y servicio de producto, para al final lograr un resultado y un funcionamiento equilibrado y correcto.

2.3. Evaluación interna y externa de la calidad percibida

Evaluar es una actividad que requiere identificar, cuantificar, valorar y comparar. Para que se realice todo esto, la actividad primordial e imprescindible es medir la calidad. No obstante, la evaluación es un proceso de comparación de una situación deseable anteriormente con la realidad y el producto actual. Así, como resultado, se obtendrán los motivos de las diferencias y el rango de error y discrepancias que han sucedido, al igual que las propuestas de cambio y correcciones necesarias para que esas diferencias y discrepancias sean mínimas e incluso evitarlas.

En la actualidad, se utilizan tres tipos diferentes de métodos para el análisis de la calidad.

Características de la aplicación de la calidad

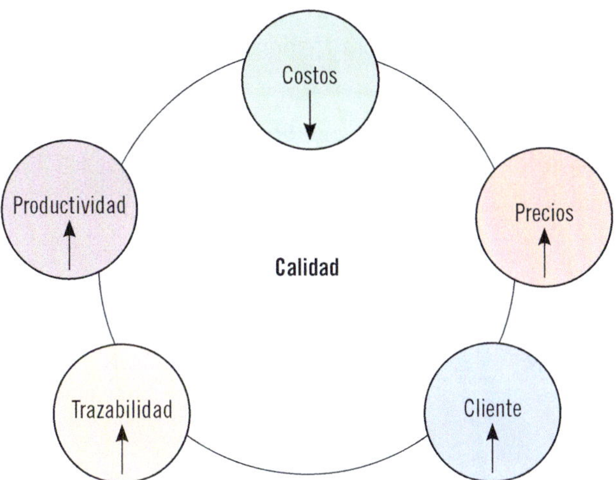

Nota

No existe un límite diferenciado entre los tres métodos, porque cuando se evalúan las características de un tipo, a la misma vez, tienen influencias las características del otro.

Se puede encontrar: evaluación de la estructura, del proceso o de los resultados. Aunque, por otro lado, tanto el control de calidad interno como el externo se complementan.

La evaluación de calidad interna sirve para:

- Verificar el cumplimiento de los objetivos.
- Optimizar lo evaluado.
- Elegir y utilizar técnicas en base a su efectividad.
- Analizar los puntos fuertes y débiles.
- Reflexionar.

La evaluación de calidad externa ayuda a:

- Informar y comprender sobre responsables, participantes y comunidad sanitaria.
- El desarrollo propio: defenderlo, apoyarlo y propagarlo.
- Justificar la toma de decisiones y distribuir recursos.
- Configurar políticas sanitarias.

Recuerde

Como resultado del control, se obtendrán el rango de error y las discrepancias que han sucedido, al igual que las propuestas de cambio y correcciones necesarias para que esas discrepancias sean mínimas e incluso evitarlas.

3. Calidad en la asistencia sanitaria

La calidad asistencial sanitaria consiste en asegurar que cada paciente reciba los servicios terapéuticos y diagnósticos más propicios para la consecución de una atención sanitaria buena, teniendo en cuenta, al mismo tiempo, todos los factores ambientales, sociales y conocimientos del paciente y del servicio, intentando llegar de esta manera a los mejores resultados, con los mínimos obstáculos y la máxima satisfacción del paciente en cada uno de los niveles del proceso.

Los objetivos principales de la calidad asistencial son:

- Prestar asistencia sanitaria según el estado de la ciencia.
- Desarrollar cuidados que satisfagan al usuario.
- Asegurar la continuidad de los cuidados, respetando la cadena proveedor-cliente.
- Llevar a la práctica actividades apropiadas a la necesidad del paciente.

Existen dimensiones de la calidad que son medibles, tales como:

- Eficacia: relación entre los objetivos o los resultados previstos y los resultados alcanzados.
- Eficiencia: consecución de objetivos al menor coste o con los recursos más adecuados (relación entre beneficios y costo).
- Efectividad: relaciona la medida en que la práctica sanitaria mejora la salud del que la recibe.
- Calidad científico-técnica: capacidad de utilizar el nivel máximo de conocimiento y tecnología para alcanzar un buen nivel de salud y, así, la satisfacción del usuario.
- Accesibilidad: posibilidad de obtener atención sanitaria, relacionada con las barreras organizacionales, económicas, culturales y sociales, entre otras.
- Satisfacción: grado resultante según las expectativas del paciente respecto a la atención sanitaria y al estado de salud.
- Adecuación: si las medidas de la atención sanitaria son correctas y específicas al problema de salud.
- Continuidad: cuando la atención se realiza de forma coordinada y sin cortes.
- Factores estructurales: se refieren a la confidencialidad, privacidad, seguridad y apoyo estructural.

Calidad en el trato dentro del vínculo paciente-profesional

3.1. Indicadores

Los indicadores clínicos son variables cuantitativas que reflejan la calidad y la adecuación de la atención y, además, sirven de base a la actividad de los servicios.

Los indicadores permiten observar el desarrollo de los pacientes como consecuencia de la actuación de profesionales dentro de un sistema organizativo, pudiendo averiguar si se han logrado los resultados previstos.

Pueden entenderse entonces como un instrumento que proporciona información sobre una actuación y el resultado de un proceso, para, posteriormente, tomar decisiones y conducir el trabajo positivamente.

Los indicadores clínicos tienen requisitos imprescindibles, debiendo ser: concretos, objetivos, específicos, clínicamente válidos, relevantes, eficientes, sensibles, y completos.

Existen indicadores de calidad referidos a la satisfacción del profesional y otros referidos a la satisfacción del usuario.

En cuanto a la satisfacción del profesional, los indicadores son:

- Reconocimiento
- Recompensa y remuneración
- Colaboradores
- Condiciones de trabajo
- Posibilidad de carrera profesional (ascensos)
- Organización y dirección
- Estilo de dirección o supervisión
- Motivación

Los indicadores de calidad referidos a la satisfacción del usuario son:

- Trato personalizado de los profesionales
- Competencia profesional
- Relación coste-comodidad
- Equipos e instalaciones
- Asistencia prestada
- Estructura organizativa del centro
- Accesibilidad de la atención sanitaria
- Calidad de la información recibida

Satisfacción del usuario con el trato y el trabajo profesional

Recuerde

Los indicadores permiten observar el desarrollo de los pacientes como consecuencia de la actuación de profesionales dentro de un sistema organizativo, pudiendo averiguar si se han logrado los resultados previstos.

4. Legislación vigente aplicable a la garantía de calidad

La relación médico-paciente, basada en el propósito de la curación y el intercambio de información, queda ya atrás y ha evolucionado a una situación de mayor exigencia del usuario, el cual tiene grandes posibilidades de acceso a información y es conocedor de sus derechos.

En esta situación, surge el camino hacia la calidad de la atención sanitaria, que lleva consigo el desarrollo de estrategias y medidas para perfeccionar la actividad de los profesionales y de la organización sanitaria, tanto en el ámbito técnico como en el del conocimiento, con el objeto de conseguir una praxis clínica asistencial del mayor nivel posible.

El objetivo primordial, como se ha dicho anteriormente, es conseguir una atención sanitaria máxima, personalizada e integral, centrada en las necesidades individuales de cada paciente, fomentando la actividad de cada profesional y potenciando aquello que favorezca ese esfuerzo clínico.

Importante

Para conseguir todo esto, es necesaria la constante exigencia de la actualización continua de conocimientos y el desarrollo de habilidades y actitudes que estén orientadas a la satisfacción de necesidades y expectativas de los usuarios. Estos cambios y actualizaciones se plantean como un gran reto de las organizaciones sanitarias.

En conclusión, el paciente y el profesional son los dos protagonistas del sistema sanitario para el Ministerio de Sanidad y Consumo. Las actividades y la evolución de los servicios de salud han de crear estrategias, medidas y programas de actuación que giren en torno a estos dos factores principales, asegurando así el objetivo esencial de los servicios públicos de salud, que es una atención sanitaria de calidad que sea equitativa, para luego ser traducida en una mejora de los indicadores de salud de la población (en definitiva, favorecer la salud de la población).

El Sistema Nacional de Salud debe garantizar que la atención sanitaria se lleve a cabo en un marco territorial cohesionado que practique la igualdad en los derechos de los ciudadanos para la atención y protección de su salud, mediante una eficiente gestión de los recursos públicos.

Nota

Estas estrategias han de ser tenidas en cuenta de igual modo y son complementarias a las desarrolladas desde los servicios de salud de las distintas Comunidades Autónomas en el uso de sus competencias.

El Plan de Calidad está inspirado en una serie de principios que tratan de ofrecer garantías a los pacientes, profesionales y usuarios. Por lo tanto, se persigue un Sistema Nacional de Salud que:

- Se centre en las necesidades de pacientes y de usuarios.
- Esté orientado a la protección, promoción de la salud y prevención de la enfermedad.
- Se preocupe por fomentar la equidad.
- Esté decidido a fomentar la excelencia de la actividad clínica.
- Se interese en impulsar que se evalúen tecnologías y procedimientos que tengan como base la mejor evidencia científica de que se disponga.
- Propague el uso de las tecnologías de la información para mejorar la atención de los pacientes y seguir con la cohesión de los servicios.
- Esté capacitado para planificar los recursos humanos con antelación para cubrir todas las necesidades de los servicios adecuadamente.
- Pueda ser evaluable el resultado de su actuación.

Para conseguir los objetivos descritos anteriormente, el Plan de Calidad llevará a la práctica una serie de actividades, las cuales necesitan la colaboración de las comunidades autónomas, universidades, institutos, sociedades científicas y pacientes.

Recuerde

El Sistema Nacional de Salud debe garantizar que la atención sanitaria se lleve a cabo en un marco territorial cohesionado que practique la igualdad en los derechos de los ciudadanos para la atención y protección de su salud, mediante una eficiente gestión de los recursos.

El objetivo que persigue este Plan de Calidad es que la cohesión del Sistema Nacional de Salud sea más firme y mayor, para que se dé la máxima calidad en la atención sanitaria a la población, a la vez que facilitar herramientas útiles a los profesionales y a las comunidades autónomas para el propósito de una mejora de la calidad.

Este Plan de Calidad pretende trabajar en 6 áreas amplias, con la finalidad de dar respuesta a interrogantes sobre bases y características del actual sistema sanitario:

- Fomento de la excelencia clínica.
- Fomento de la equidad.
- Aumento de la transparencia.
- Protección, prevención de la enfermedad y promoción de la salud.
- Uso de la tecnología de la información para una mayor información del usuario.
- Apoyo a la planificación de los recursos humanos en el campo de la sanidad.

La Ley 16/2003, de 28 de mayo, de cohesión y calidad del Sistema Nacional de Salud, en su Capítulo I (De las prestaciones), Sección III (Garantías de las prestaciones), tiene una serie de artículos en los que se pone de manifiesto esta intención de asegurar la garantía en diferentes ámbitos de la sanidad.

Algunos artículos que cabe citar son:

- **Artículo 23. Garantía de accesibilidad.** Establece que todos los usuarios del Sistema Nacional de Salud tienen acceso a las prestaciones sanitarias que se reconocen en esta ley, en condiciones de igualdad.
- **Artículo 25. Garantías de tiempo.** Donde se exponen los criterios que garantizan el tiempo máximo de acceso a las prestaciones sanitarias, que se aprueban mediante real decreto. Dentro de dicho marco, las comunidades autónomas definirán esos tiempos máximos dentro de su cartera de servicios. Se excluyen de este postulado las intervenciones quirúrgicas de trasplantes de órganos y tejidos, ya que esto depende de que esté disponible el órgano y también la atención sanitaria ante situaciones de catástrofe.
- **Artículo 26. Garantías de información.** Los servicios sanitarios deben informar a los ciudadanos de sus deberes y derechos, de las prestaciones ofertadas y la cartera de servicios, además de los requisitos que se necesitan para acceder y todos los derechos recogidos en la ley básica reguladora de la autonomía del paciente y de los derechos y obligaciones en materia de información y documentación clínica. Los usuarios deberán estar informados también de las obligaciones y derechos a nivel autonómico.

Nota

Se permitirá a la población conocer los centros, establecimientos, y servicios sanitarios gracias al Registro General.

5. Relación de la documentación con el control de calidad y la trazabilidad

La utilidad principal de la documentación que se elabora y de la que se hace un seguimiento en relación con la calidad guarda gran relación con el comercio internacional y, en especial, para cubrir necesidades como estandarizar las características de los productos, los procesos que dan lugar al resultado en esos productos, la forma de presentación, transporte, etcétera. Todo ello para facilitar su seguimiento o trazabilidad, igual que para proteger al usuario, al trabajador y al medioambiente.

El término trazabilidad es definido por la Organización Internacional para la Estandarización (ISO), en su *International vocabulary of basic and general terms in metrology* como: "la propiedad del resultado de una medida o del valor de un estándar donde este pueda estar relacionado con referencias especificadas, usualmente estándares nacionales o internacionales, a través de una cadena continua de comparaciones, todas con incertidumbres especificadas"; lo que quiere decir que es el resultado del seguimiento de un proceso desde el inicio hasta que se crea el producto.

Así, la trazabilidad está íntimamente relacionada con la calidad, ya que, evaluando la calidad en cada uno de los niveles a lo largo de un proceso de obtención del resultado, es fácil obtener la trazabilidad de ese proceso y hacer así una reflexión global de toda la actividad que se ha llevado a cabo.

Ejemplo

Algunos documentos en el campo de la sanidad que pueden servir para la evaluación de la intervención clínica son los registros de enfermería, las historias médicas, los protocolos de actuación aplicados a casos determinados y los cuadernos de incidencias, entre otros.

6. Resumen

En la asistencia sanitaria y en la práctica clínica, la calidad consiste en asegurar que el paciente reciba los cuidados, terapias y diagnósticos más propicios para que la atención sanitaria sea óptima. Para ello, hay que tener en cuenta la situación individual del paciente y del profesional y su desarrollo en la sociedad.

Existen unas normas de calidad definidas por la Organización Internacional de Normalización (ISO), que es una federación mundial de organismos nacionales de normalización.

Para saber si el cometido que se está llevando a cabo y las actividades específicas de garantía de calidad están surtiendo efecto, es totalmente necesaria su evaluación, tanto interna como externa. Todo esto lleva a una práctica adecuada de la calidad en la asistencia que se sostiene en principios como eficacia, eficiencia o efectividad, entre otros, para que todo el personal siga unas mismas directrices, llegando así al objetivo de la calidad.

Para medir si las pautas a seguir están siendo correctas y efectivas, existen los indicadores clínicos, variables cuantitativas que reflejan la calidad y la adecuación de la atención. Estos indicadores se diferencian entre la satisfacción del profesional y la del usuario.

Para promover la igualdad en las diversas organizaciones, el Ministerio de Sanidad y Consumo pone en vigor una serie de leyes cuyo ámbito de aplicación se refiere a la garantía de calidad. Estas leyes deben ser aceptadas y complementadas por cada comunidad autónoma.

Tener documentado todo el proceso por el que pasa un producto es algo beneficioso para una mejor medición de la práctica de la calidad y, además, para que aparezca la trazabilidad, capacidad para seguir un producto a lo largo de su proceso de fabricación, desde su forma original hasta su estado final como artículo de consumo o servicio prestado.

Ejercicios de repaso y autoevaluación

1. Las normas ISO 9001 para el seguro de la calidad tienen como ventajas, entre otras...

a. ... incremento de los desechos, pérdida de tiempo e insatisfacción de clientes.
b. ... utilización eficaz exclusivamente de recursos humanos como mano de obra.
c. ... mejor precio del producto.
d. ... creación de una conciencia de la calidad y mayor satisfacción de los empleados en el desempeño de su actividad.

2. Evaluar es un proceso que implica...

a. ... cuantificar, verificar, valorar e identificar.
b. ... valorar, identificar, comparar y verificar.
c. ... identificar, cuantificar, valorar y comparar.
d. ... identificar, comercializar, cuantificar y comparar.

3. De las siguientes afirmaciones, diga cuál es verdadera o falsa.

a. La evaluación de calidad externa ayuda a visualizar y aprender sobre los responsables, los participantes y la comunidad sanitaria.

☐ Verdadero
☐ Falso

b. La calidad asistencial sanitaria consiste en asegurar que cada paciente reciba los servicios diagnósticos y terapéuticos óptimos para conseguir una atención sanitaria buena, a la vez que se tienen en cuenta todos los factores ambientales y conocimientos del paciente y del servicio.

☐ Verdadero
☐ Falso

c. La eficacia, la eficiencia, la efectividad y la continuidad son las dimensiones medibles de la calidad.

- ☐ Verdadero
- ☐ Falso

d. Los indicadores clínicos son variables cualitativas que reflejan la calidad y la adecuación de la atención y, además, sirven de base de la actividad de los servicios.

- ☐ Verdadero
- ☐ Falso

e. Existen indicadores de calidad referidos a la satisfacción del profesional y otros referidos a la satisfacción del usuario.

- ☐ Verdadero
- ☐ Falso

f. La Organización Informativa de Normalización (OIN) es una federación mundial de organismos nacionales de normalización.

- ☐ Verdadero
- ☐ Falso

4. Complete el siguiente texto.

Las normas ISO 9001, para asegurar la ___________, están compuestas por: ___________ para la selección de los modelos de ___________ de la calidad, el vocabulario y requisitos para los ___________ de calidad que se podían aplicar a empresas que se dedicaban solo a determinadas ___________ del ciclo de vida del producto final.

No obstante, apareció el modelo ISO 9004, dirigido a ___________ la calidad en el orden ___________.

5. ¿En qué se diferencia la evaluación interna de la evaluación externa de la calidad?

Capítulo 6

Aspectos legales del ejercicio profesional

Contenido

1. Introducción
2. Funciones del profesional
3. Responsabilidad legal
4. Legislación sobre sanidad, protección de datos, autonomía del paciente, derechos y obligaciones en materia de información y documentación clínica
5. Artículos de la constitución española que hacen referencia a la sanidad
6. Documentación asistencial y no asistencial con relevancia legal
7. Prevención de riesgos laborales en la organización y gestión del transporte sanitario
8. Resumen

1. Introducción

Este capítulo está enfocado hacia el ámbito legal de la práctica profesional sanitaria. Se verá el desarrollo de las actividades en la sanidad desde un punto de vista legal.

Se abordarán las funciones del profesional y las diversas actividades que lleva a cabo dentro del campo para el avance de la ciencia, perfeccionamiento de la práctica e incremento de la integridad en la atención. Todo esto conlleva una gran responsabilidad legal que radica en una buena práctica sanitaria y una adecuación del trabajo a cada situación en particular. La encargada de regular todo ello es la Ley General de Sanidad, apoyada por otras leyes y normas. Hay que tener en cuenta, además, el secreto profesional, la autonomía del paciente, las obligaciones y derechos sobre la información y la documentación clínica como trabajadores sanitarios con respecto al paciente.

La prevención de riesgos laborales, mediante medidas de asepsia, higiene y capacitación del personal, es un aspecto imprescindible del trabajo en el ámbito sanitario. Todo esto, gracias a medidas a disposición de trabajadores y usuarios que han sido señaladas por el previo análisis y estudio de riesgos dentro del ámbito sanitario.

2. Funciones del profesional

El técnico de trasporte sanitario desarrolla su ejercicio profesional en el ámbito de la asistencia sanitaria prehospitalaria, dentro de un sistema de emergencias médicas que puede pertenecer al Sistema Nacional de Salud o al sector sanitario privado. El objetivo, en amos casos, es el mismo, así como sus funciones y responsabilidades.

Dicho ejercicio viene regulado por el Real Decreto 1397/2007, de 29 de octubre, en el que se establece el título de Técnico en emergencias sanitarias; además de las directrices establecidas para el Certificado Profesional de transporte sanitario, reguladas en el Real Decreto 710/2011 de 20 de mayo.

2.1. Funciones

Las funciones del técnico en trasporte sanitario son las que se describen a continuación.

Conducir y mantener preventivamente el vehículo

La responsabilidad del traslado de la dotación humana o del enfermo de manera segura y eficiente recae en el técnico de transporte sanitario. Para que esta seguridad sea manifiesta, se realizará una exploración y control de los distintos fluidos y sistemas de seguridad, pasivos o activos, así como del nivel de limpieza y desinfección del vehículo. Esta función constituye una de las bases del trabajo del técnico en transporte sanitario.

Controlar la dotación material del vehículo

Con el objeto de tener siempre el vehículo disponible para realizar cualquier trabajo, la revisión del material y reposición del mismo será función del técnico de transporte sanitario, de acuerdo a lo que su sistema de emergencias médicas disponga en las ambulancias asistenciales sobre los fármacos en general y los mórficos en particular.

Prestar al paciente soporte vital básico y apoyo al soporte vital avanzado

El técnico de transporte sanitario realizará estas funciones como parte integral de una unidad de asistencia extrhospitalaria. El técnico debe saber aplicar perfectamente todas las técnicas de soporte vital básico in situ y durante el traslado del paciente al hospital y dominar los protocolos y maniobras propias de dicho nivel asistencial.

Importante

Cuando sea requerido o necesario por las circunstancias, ha de prestar apoyo a los equipos de soporte vital avanzado mediante las técnicas, los protocolos y las maniobras pertinentes.

Inmovilizar, movilizar y trasladar al paciente

Es responsabilidad exclusiva del técnico en trasporte sanitario la correcta inmovilización, movilización y traslado de los pacientes, así como la elección de la técnica y el método más adecuado para realizar dichas funciones.

Aplicar técnicas de apoyo psicológico y social al paciente y familiares

Todas las emergencias crean circunstancias de estrés en el paciente, en su familia y en la propia dotación humana de la ambulancia. El técnico de trasporte sanitario deberá dominar las técnicas de comunicación con el paciente y los familiares, con el fin de proporcionar apoyo psicológico y, en aquellos casos que lo requieran, facilitar orientaciones básicas para sobrellevar las consecuencias. La orientación social pasa por el conocimiento de programas de ayuda que tenga en marcha su sistema de emergencias médicas o de la comunidad.

Nota

Estas funciones son las mimas en cualquier tipo de ambulancia. Las funciones del técnico de trasporte sanitario no varían, independientemente del tipo de sistema de emergencias médicas en el que esté integrado.

3. Responsabilidad legal

El ejercicio de la profesión sanitaria lleva consigo un riesgo que, siendo lo que está en juego la salud del paciente, cobra primordial importancia. Por esta razón, se vienen encontrando en todas las resoluciones judiciales términos antes prácticamente desconocidos dentro del campo jurídico, como:

- *Lex artis ad hoc* es la forma correcta según la ciencia. Es la conducta exigible al profesional sanitario, según el estado de la ciencia, el actuar exigible conforme aconseja en cada momento el estado de la misma y que es cada vez más cambiante.

- *Malpraxis* es, en consecuencia, la violación de esta *lex artis,* es decir, la realización del acto sanitario de forma contraria a como la ciencia exige que se realice.

Cuando esto ocurre, se trata de incardinar esta mala práctica con alguna figura penal y surge lo que se denomina responsabilidad profesional, que siempre derivará de una violación de la *lex artis ad hoc* por una mala práctica, bien por acción o bien por omisión de la dicha *lex artis.* Esto no quiere decir que la *malpraxis* siempre sea reprochable desde el punto de vista penal.

El Tribunal Supremo, para apreciar delito o falta en el ejercicio profesional, exige tres requisitos fundamentales:

1. Una acción u omisión negligente, inequívocamente, que consistiría en la no aplicación o en la mala aplicación de la *lex artis ad hoc.*
2. Hay que producir con este acto un daño cierto en la salud del paciente.
3. Una relación de causalidad entre el primero y el segundo.

Tienen que concurrir los tres y la falta de uno solo de ellos lleva consigo la desestimación de cualquier demanda o la absolución del profesional sanitario, según sean las consecuencias civiles o penales procedentes de un acto sanitario.

En los actos de los profesionales sanitarios existe una obligación de medios, no de resultados, ya que, a veces, no se puede responder de unos resultados en los que influyen factores muy difícilmente previsibles, lo cual no exime a este profesional de cumplir, como ya se ha dicho, con la *lex artis,* es decir, no con los resultados, pero sí con los medios puestos para cuidar al enfermo. Este incumplimiento es lo que genera la responsabilidad profesional.

La negligencia profesional es la omisión de la diligencia exigible al profesional en el desempeño de su actividad.

Importante

La diligencia profesional no debe confundirse con la diligencia media, exigible a un hombre cuidadoso, prudente y solvente al realizar su trabajo, sino que conlleva un patrón de medida mucho más riguroso: viene impuesta por el grado de especialidad de sus conocimientos o estudios y la actualización y capacitación técnica que se presumen en un profesional de la categoría concreta de que se trate.

En la actualidad, se han incrementado exageradamente las reclamaciones por perjuicios, daños y negligencias por actuaciones sanitarias. Algunas de las **causas** de esta situación son:

- El aumento de la complejidad de la labor sanitaria, por las nuevas tecnologías, que dan lugar a innovadores procedimientos en diagnósticos y terapia.
- La acción individual dentro de un equipo de trabajo.
- El aumento de la formación de la población sobre sus derechos en relación a la sanidad. Han aumentado las reclamaciones, muchas veces, como la base para posteriores demandas jurídicas.
- La aplicación de los criterios de calidad total, certificación y acreditación de las instituciones sanitarias son un punto referente para reclamar y para detectar un posible incumplimiento, para iniciar un proceso judicial.
- El incremento de las pólizas de seguro sobre responsabilidad profesional sanitaria y la búsqueda de la compensación económica al daño producido pueden aumentar reclamaciones que, en la mayoría de los casos, no entran en proceso judicial porque se llega a acuerdos o pactos entre las dos partes.

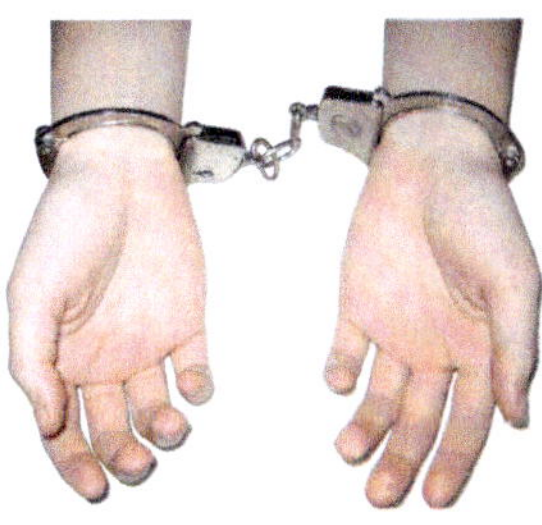

La responsabilidad penal es menos habitual que la civil.

Nota

En lo referido a la responsabilidad sanitaria, lo más habitual es la indemnización de daños y perjuicios, responsabilidad civil por los actos realizados.

Aplicación práctica

Una niña de 12 años acude al centro de salud de su barrio acompañada de su madre, porque lleva alrededor de una semana con un ligero dolor de abdomen, cuya intensidad ha ido aumentando paulatinamente hasta hacerse muy intenso en el último día. Además, afirma que desde hace cuatro días presenta náuseas y vómitos y tiene pérdida del apetito y ha tenido fiebres altas, aunque le suele bajar a 37 °C con antitérmicos. La niña dice que se siente muy decaída y que no tiene fuerzas para nada. Su médico de familia, tras explorarla y hacerle una valoración y una serie de preguntas, piensa que la situación que comenta la mujer no es gran cosa y decide prescribirle un fármaco antiemético y que su dieta se base en la ingesta de 1,5 l de suero oral.

Después de un día, acude al hospital, porque tiene 39 °C de temperatura, no le cesan los vómitos y el dolor en el abdomen llega a ser insoportable. Entonces, la niña queda ingresada en el hospital por diagnóstico de peritonitis grave.

¿Cómo podríamos denominar el mal desempeño de la práctica profesional en esta situación?

La familia está indignada con la situación, ¿puede plantear una reclamación judicial?

SOLUCIÓN

Se trata de una negligencia, ya que el médico de familia no ha puesto en práctica las actuaciones que debía de haber tomado para diagnosticar y tratar el problema que le surgió y evitar que llegase a esa situación tan crítica.

Para que el Tribunal Supremo aprecie la situación como delito o falta en el ejercicio profesional, deben existir tres requisitos fundamentales:

Continúa en página siguiente >>

<< Viene de página anterior

En primer lugar, una acción u omisión inequívocamente negligente, que consistiría en la no aplicación o en la mala aplicación de la *lex artis ad hoc.*

En segundo lugar, hay que producir con este acto un daño cierto en la salud del paciente.

Y en tercer lugar, una relación de causalidad entre el primero y el segundo.

Como estas tres situaciones se dan, la familia tiene derecho a denunciar este caso de negligencia y a ser indemnizada.

---

4. Legislación sobre sanidad, protección de datos, autonomía del paciente, derechos y obligaciones en materia de información y documentación clínica

Hasta la entrada en vigor de la Ley General de Sanidad, el sistema sanitario español tenía un gran número de redes asistenciales con funciones solapadas y sin coordinación entre ellas.

El Estado asumía la función de la Salud Pública y las enfermedades de trascendencia social.

Además, existía el sistema de Seguridad Social, cuyas características eran:

- Base mutualista.
- Orientación reparadora.
- Cobertura no universal (solo el que pagaba las cuotas tenía derecho a la atención sanitaria en los centros).
- El sistema se financiaba por las cuotas aportadas por trabajadores y empresarios.
- Los recursos estaban mal distribuidos geográficamente.
- La gestión era puramente administrativa.

Por otro lado, estaba la beneficencia, que era atendida por las corporaciones locales en la atención domiciliaria a través de los médicos y enfermeras de asistencia pública domiciliaria. Las diputaciones atendían la psiquiatría y los hospitales provinciales.

Nota

Además, coexistían otras instituciones como la sanidad militar, los hospitales universitarios, la sanidad penitenciaria, Cruz Roja, etcétera.

En la actualidad, existen muchas normas a nivel estatal para regular todo lo relacionado con materia sanitaria, entre las cuales las más destacadas son:

- Constitución Española, de 29 de diciembre de 1978, en sus artículos 43, 148 y 149.
- Ley 14/1986 de 25 de abril, Ley General de Sanidad.
- Ley 16/2003, de 28 de mayo, de cohesión y calidad del Sistema Nacional de Salud.
- Ley 44/2003, de 21 de noviembre, de ordenación de las profesiones sanitarias.
- Ley 55/2003, de 16 de diciembre, del Estatuto Marco del personal estatutario de los servicios de salud.

4.1. Legislación sobre sanidad

La Ley General de Sanidad (Ley 14/1986, de 25 de abril), se basa en los artículos 43 y 49 de la Constitución Española, que reconocen el derecho de todos los ciudadanos a la protección de la salud y requieren de los poderes públicos la adopción de las medidas idóneas para llevarla a la práctica. Esta ley propone la creación de un Sistema Nacional de Salud, un conjunto de servicios de salud de las comunidades autónomas convenientemente coordinados. Con esto, se pretende acabar con la situación anterior, donde funcionaban un amplio número de redes asistenciales con funciones solapadas y sin coordinación alguna entre ellas.

Los principios generales de la Ley de Sanidad proponen que:

- Los medios y actuaciones del sistema sanitario estarán orientados prioritariamente a la promoción de la salud y a la prevención de las enfermedades.
- La asistencia sanitaria pública se extenderá a toda la población española. El acceso y las prestaciones sanitarias se realizarán en condiciones de igualdad efectiva.
- La política de salud estará orientada a la superación de los desequilibrios territoriales y sociales.

Recuerde

La Ley General de Sanidad, se basa en los artículos 43 y 49 de la Constitución Española, que reconoce el derecho de todos los ciudadanos a la protección de la salud y requiere de los poderes públicos la adopción de las medidas idóneas para llevarla a la práctica. Esta Ley propone la creación de un Sistema Nacional de Salud.

4.2. Protección de datos y autonomía del paciente

Como profesional del campo de la sanidad, existe el deber de protección de datos y de guardar la máxima intimidad sobre información y documentación clínica de los pacientes.

La Ley Orgánica 3/2018, de 5 de diciembre, de Protección de Datos Personales y garantía de los derechos digitales, califica los datos relativos a la salud de los ciudadanos como datos especialmente protegidos, estableciendo un régimen singularmente riguroso para su obtención, custodia y eventual cesión.

Esta defensa de la confidencialidad había sido ya respaldada por el Reglamento (UE) 2016/679 del Parlamento Europeo y del Consejo, de 27 de abril de 2016, en el que, además de reafirmarse la defensa de los derechos y libertades de los ciudadanos europeos, en especial de su intimidad relativa a la información relacionada con su salud, se apunta la presencia de otros intereses generales, como los estudios epidemiológicos, las situaciones de riesgo grave para la salud de la colectividad, la investigación y los ensayos clínicos que, cuando estén incluidos en normas con rango de ley, pueden justificar una excepción motivada a los derechos del paciente.

Nota

Se manifiesta así una concepción comunitaria del derecho a la salud en la que, junto al interés especial de cada individuo, como destinatario por excelencia de la información relativa a la salud, aparecen también otros agentes y bienes jurídicos referidos a la salud pública, que deben ser considerados, con la relevancia necesaria, en una sociedad democrática avanzada.

El consejo de Europa mediante el Reglamento (UE) 2016/679 del Parlamento Europeo y del Consejo, de 27 de abril de 2016, relativo a la protección de las personas físicas en lo que respecta al tratamiento de datos personales y a la libre circulación de estos datos (Reglamento General de Protección de Datos), establece que el tratamiento de datos personales, incluidos los datos médicos, debe basarse en el consentimiento explícito del interesado, salvo en casos específicos, como el cumplimiento de una obligación legal o el interés vital del afectado.

En cuanto a la limitación de derechos, el RGPD permite restricciones a la protección de datos en situaciones excepcionales, como cuando sea necesario por razones de interés público en el ámbito de la salud pública, el ejercicio de la autoridad pública o el cumplimiento de obligaciones legales.

Todas estas circunstancias aconsejaban una adaptación de la Ley General de Sanidad, con el objetivo de aclarar la situación jurídica y los derechos y obligaciones sanitarias. La Ley 41/2002, reguladora de la autonomía del paciente y de los derechos y obligaciones en materia de información y documentación clínica, recoge estos aspectos.

4.3. Derechos y obligaciones en materia de información y documentación sanitaria

Los pacientes tienen todo el derecho a conocer, con motivo de cualquier actuación en el ámbito de su salud, toda la información disponible sobre la misma, salvando los supuestos exceptuados por la ley. Además, toda persona tiene derecho a que se respete su voluntad de no ser informada. La información, que, como regla general, se proporciona verbalmente dejando constancia en la historia clínica, comprende, como mínimo, la finalidad y la naturaleza de cada intervención, sus riesgos y sus consecuencias.

Protección de datos

Importante

La información clínica forma parte de todas las actuaciones asistenciales, ha de ser verdadera, se comunicará al paciente de forma comprensible y adecuada a sus necesidades y le ayudará a tomar decisiones de acuerdo con su propia y libre voluntad.

5. Artículos de la Constitución Española que hacen referencia a la sanidad

A continuación, se exponen algunos de los artículos relacionados con la sanidad que aparecen especificados en la Constitución Española o un comentario crítico breve sobre otros de ellos.

La Constitución Española de 1978, en su artículo 43, reconoce el derecho a la protección de la salud, encomendando a los poderes públicos organizar y tutelar la salud pública a través de medidas preventivas y de las prestaciones y servicios necesarios.

En su artículo 41, la Constitución establece que los poderes públicos mantendrán un régimen público de Seguridad Social para todos los ciudadanos que garantice la asistencia y prestaciones sociales suficientes ante situaciones de necesidad.

? Sabía que...

El artículo 15 de la CE expone que todos tienen derecho a la vida y a la integridad física y moral, sin que, en ningún caso, puedan ser sometidos a torturas ni a penas o tratos inhumanos o degradantes. Queda abolida la pena de muerte, salvo lo que puedan disponer las Leyes penales militares para tiempos de guerra.

Según el artículo 40 de la Constitución Española, los poderes públicos promoverán las condiciones favorables para el progreso social y económico y para una distribución de la renta regional y personal más equitativa en el marco de una política de estabilidad económica. De manera especial, realizarán una política orientada al pleno empleo. Asimismo, los poderes públicos fomentarán una política que garantice la formación y readaptación profesionales, velarán por la seguridad e higiene en el trabajo y garantizarán el descanso necesario mediante la limitación de la jornada laboral, las vacaciones periódicas retribuidas y la promoción de centros adecuados.

Todas las estructuras y servicios públicos al servicio de la salud se integrarán en el Sistema Nacional de Salud, conjunto de servicios de salud de la Administración del Estado y de los servicios de salud de las Comunidades Autónomas, en los términos establecidos en la Ley (artículo 44), que tiene como características fundamentales:

1. La extensión de sus servicios a toda la población en general.
2. La organización adecuada para prestar una atención integral a la salud.
3. La coordinación y, en su caso, la integración de todos los recursos sanitarios públicos en un dispositivo que sea también único.
4. La financiación mediante recursos de las Administraciones Públicas, cotizaciones y tasas por la prestación de determinados servicios.
5. La prestación de una atención integral de la salud, procurando altos niveles de calidad debidamente evaluados y controlados (artículo 46).

En cada comunidad autónoma se constituirá un servicio de salud integrado por todos los centros, servicios y establecimientos de la propia comunidad, diputaciones y ayuntamientos y cualesquiera otras administraciones territoriales intracomunitarias, que estará gestionado bajo la responsabilidad de la respectiva Comunidad Autónoma (artículo 50).

Las comunidades autónomas delimitarán y constituirán en su territorio demarcaciones denominadas áreas de salud, que son las estructuras fundamentales del sistema sanitario, responsabilizadas de la gestión unitaria de los centros y establecimientos del servicio de salud de la comunidad autónoma en su demarcación territorial y de las prestaciones y programas sanitarios a desarrollar por ellos (artículo 56).

6. Documentación asistencial y no asistencial con relevancia legal

Toda documentación, independientemente del tipo que sea, tiene importancia y valor legal.

La documentación asistencial, destacando la historia clínica, es de gran importancia legal y tiene una alta trascendencia, ya que ahí está registrado todo lo que ocurre, ha ocurrido y puede ocurrir con el paciente, en el tema sanitario, a lo largo de su vida. Todo esto con fechas, nombres de profesionales que le han atendido, lugares de ingreso, etcétera. Con lo cual, el peso legal que tiene es grande, de gran utilidad y constatable.

Recuerde

La historia clínica refleja antecedentes, diagnósticos, tratamientos, terapias, etc.

La documentación no asistencial puede entenderse como los registros de incidencias de enfermería, en los que se exponen las labores realizadas por el personal de enfermería diariamente a cada paciente, junto con el estado, evolución y gravedad de cada usuario con el que se trabaja. También están reflejadas las técnicas, procedimientos diagnósticos y terapéuticos y la evaluación del procedimiento. Así, es una documentación que también tiene importancia en el ámbito legal, la cual podría ser aludida en situaciones específicas.

La documentación no asistencial puede ser relevante en situaciones específicas

7. Prevención de riesgos laborales en la organización y gestión del transporte sanitario

Es de vital importancia tener en cuenta los sistemas para prevenir los accidentes en el trabajo. Más aún en el trabajo con personas, en el que hay que evitar la contaminación paciente-profesional y paciente a paciente. Existen varios tipos de prevención según la actividad a la que se refiera.

7.1. Sistemas de seguridad aplicados a los equipos electromédicos

En la norma IEC 60601-1:2012, se reflejan una serie de referencias que deben ser seguidas por fabricantes y técnicos a la hora de diseñar, ensamblar, examinar o estudiar los equipos electromédicos. En dicha norma, se encuentran los pasos a seguir para poder realizar una comprobación del estado y el funcionamiento de los equipos electromédicos, así como si se pretenden comprobar ciertas cualidades de estos. Podrá asegurarse del correcto estado de la seguridad eléctrica, de las resistencias electromecánicas y de la estanqueidad de líquidos. La IEC 60601-1:2012, deberá ser seguida tanto por los fabricantes a la hora de crear su diseño y de su fabricación y como por aquellos empleados que trabajen con estos equipos, cada cierto tiempo, para comprobar que se encuentra en perfecto estado y que tiene un correcto funcionamiento.

Debe existir un calendario establecido de inspección y control.

Esta norma se usa en una gran cantidad de países como norma nacional, aunque en algunos países, además, también añaden otras. Con el conjunto de estos documentos se establecen las guías de inspección y los criterios a tener en consideración para los procesos de comprobación de estos equipos en el ámbito sanitario. En España, la versión de esta norma es la UNE-EN IEC 60601-2-1:2021.

Nota

El resto de normas que se suman a la IEC 60601-1:2012 en algunos países suelen estar enfocadas en la especificación de test para la medición de las corrientes de fuga y de los límites establecidos, de una forma más práctica que la que aparece en este documento.

7.2. Equipos de protección individual y seguridad (EPI)

Según el R. D. 773/1997, se entiende como equipo de protección individual todo aquel que sea portado o puesto por el individuo que se exponga al riesgo, para uno o varias situaciones peligrosas para su seguridad o salud. También se consideran equipos de protección individual aquellos complementos o accesorios que se dediquen a tal fin.

No se consideran equipo de protección individual:

- Los uniformes laborales cotidianos y aquellos que no se dediquen a la protección física o de la salud de los empleados.
- Los equipos de los servicios de socorro y salvamento.
- Los equipos de protección individual de los militares, de los policías y de las personas de los servicios de mantenimiento de la seguridad.
- Los equipos de protección individual para los vehículos.
- El material deportivo.
- El material para la defensa propia.
- Los aparatos portátiles para la localización y señalización de los riesgos y de los factores de molestia.

Es obligatorio el uso de EPI siempre que se indique en la evaluación de riesgos en un determinado trabajo, por su peligrosidad. También será necesario siempre su uso en talleres y laboratorios.

El uso, el mantenimiento, el almacenaje, la higiene y el arreglo de los EPI deben realizarse según las normas establecidas por el fabricante. Deben seguirse las indicaciones de uso de equipo de protección individual, a pesar de estar seguro de que sea un material de alta calidad y de que su selección haya sido correcta, pues su efectividad depende también de su uso adecuado y de su mantenimiento.

Importante

Estos equipos serán necesarios cuando las medidas de protección colectiva no hayan sido efectivas o cuando se establezcan como medidas o procesos de organización del trabajo. También se usarán cuando se determine su uso después de un proceso evaluativo de los riesgos.

Es necesario llevar a cabo las indicaciones dadas por el fabricante con respecto a su mantenimiento para evitar que se estropeen. Si fuese preciso, deben sustituirse las piezas o al completo para su buen funcionamiento.

Nota

Asimismo, deben almacenarse en su lugar indicado y en condiciones higiénicas y adaptadas a sus cualidades, como se establezca en las instrucciones del material.

El propio usuario del equipo debe manifestar a la Unidad de Prevención de Riesgos aquellas anomalías presentes en los EPI y que impidan su adecuado uso, así como si existiesen molestias físicas después de su utilización.

7.3. Protocolos de primeros auxilios

Los primeros auxilios son aquellos que se llevan a cabo en el primer momento, antes de que llegue la dotación sanitaria al lugar del suceso.

Los principios generales de actuación ante una víctima son los siguientes:

- Proteger tanto a la víctima como a uno mismo.
- Avisar a un equipo sanitario para que pueda atender a la víctima, llamando al teléfono de urgencias sanitarias 112.

- Socorrer:

  - Mientras llegan los servicios sanitarios.
  - Tomar las constantes vitales.
  - Realizar las primeras actuaciones, siguiendo las indicaciones de los profesionales.

A continuación, se comprobará el nivel de consciencia de la víctima preguntándole y estimulándole e intentando que responda. Pueden darse dos situaciones distintas:

1. El paciente responde a los estímulos y órdenes. Ahora es el momento de comprobar si la respiración es eficaz o no, mediante el proceso de ver, oír y sentir, acercando el oído a su boca y nariz (para escuchar y sentir la salida de aire) y dirigiendo la mirada hacia el tórax (para detectar movimientos respiratorios):

   - Si es eficaz, se valoran otras lesiones y se tratan si fuese necesario.
   - Si no es eficaz, se aplica la maniobra de desobstrucción de la vía a aérea, inclinando la cabeza hacia atrás, abriendo la boca y comprobando la existencia de algún fragmento que pueda obstruir las vías respiratorias.
   - Además, hay que comprobar la presencia de pulso, de la forma más eficaz, colocando el oído en el tórax izquierdo de la víctima, sobre el corazón.

2. Si no está consciente, pues no responde a los estímulos, se comprobará a su vez la eficacia de la respiración:

- Si la respiración es eficaz, se le coloca en posición lateral de seguridad.

- Si la respiración no es eficaz, se comprueba si tiene la vía aérea obstruida:

  - Si la tiene, se realiza la maniobra de desobstrucción de las vías respiratorias y se comprueba si recupera la respiración. Si no la recupera, se realizará la maniobra de reanimación cardiopulmonar (RCP), como se indica a continuación.
  - Si no tiene las vías obstruidas y no presenta respiración o esta no es eficaz o si después de desobstruir las vías aéreas no se reactiva la respiración, se pasará a la realización de la maniobra de RCP básica, que consiste en la aplicación del masaje cardiaco: 30 compresiones (en adulto), colocando el talón de una mano, dos dedos más arriba del extremo inferior del esternón y colocando una mano sobre la otra, seguidas de dos insuflaciones de aire por la boca, usando la maniobra frente-mentón: colocar una mano en la frente y echarla hacia atrás, mientras se cierran los orificios nasales; la otra mano se coloca en el mentón y se desplaza en dirección hacia los pies, de forma que queden las vías aéreas lo más abiertas posibles.

Consejo

Si hubiese algún elemento bloqueando la respiración debe sacarse con los dedos y, si no fuese posible, con una pinza.

7.4. Riesgos en el desempeño de la actividad profesional

Dependiendo del ámbito del entorno sanitario, serán más destacados unos riesgos laborales u otros. Así, centrándose en el personal que se encuentra en contacto con el enfermo y se encarga de prestarle atención, como es el caso de los profesionales enfermeros, de los médicos, del personal de auxiliares de enfermería o de los celadores, los principales riesgos a los que se ven sometidos son:

- **Riesgos biológicos:** infecciones como la hepatitis, tuberculosis, SIDA, etcétera.
- **Riesgos físicos:** lesiones y enfermedades de músculos, huesos y articulaciones causadas por sobreesfuerzos en la movilización de los pacientes o del material pesado, tales como artrosis o artritis, lumbalgias, hernias de disco, etcétera.
- **Riesgos psicológicos,** causados por el deterioro con el paso del tiempo de la motivación por el trabajo, por agresiones verbales y físicas de pacientes y familiares.
- **Riesgos químicos:** dermatitis, alergias y lesiones de la piel por el contacto frecuente con productos químicos, como los desinfectantes, los antisépticos, los medicamentos, etcétera.

? Sabía que...

Además, en estas profesiones existe un riesgo alto de padecer varices y enfermedades vasculares.

CATEGORÍA	PRINCIPALES RIESGOS
PERSONAL DE ENFERMERÍA	- Lesiones por levantamiento de enfermos encamados. - Dermatitis por detergentes. - Riesgo infeccioso, hepatitis, tuberculosis. - Desmotivación por condiciones laborales. - Agresiones verbales y físicas.
PERSONAL DE LABORATORIO	- Sensibilización por productos químicos. - Riesgos infecciosos. - Ruidos. - Quemaduras, salpicaduras por productos corrosivos. - Radiaciones ionizantes.
PERSONAL DE MANTENIMIENTO	- Sensibilización por productos químicos. - Calor. - Ruido. - Polvo. - Electrocución.

En el entorno del laboratorio, el personal también está expuesto a riesgos, pero en este caso distintos a los anteriores, siendo los principales los riesgos químicos (como la sensibilización por los productos químicos que manejan a menudo, aparición de quemaduras por el contacto con productos corrosivos), riesgos físicos (enfermedades, sobre todo de la piel, causadas por la exposición a radiaciones ionizantes, problemas auditivos por la presencia constante de ruidos molestos), riesgos biológicos (riesgo de infección por enfermedades contagiosas y por el manejo de elementos como la sangre).

Para el personal que trabaja en el mantenimiento de los centros sanitarios, los principales riesgos son los físicos (la exposición a altas temperaturas, el ruido, las descargas eléctricas, etcétera). También destacan los riesgos químicos que afectan a este personal como la sensibilización a los productos químicos que utilizan a menudo. Por último, entre los riesgos físicos, destacan también los causados por la manipulación de material peligroso o pesado, por la inhalación de polvo de forma excesiva, por la posibilidad de golpes y producción de heridas, etcétera.

Sabía que...

Cerca de un el 40 % de los empleados de un hospital sufren algún tipo de lesión laboral. De los accidentes producidos en el personal sanitario, el personal más afectado son los auxiliares de enfermería, con un 56 %.

TIPO DE PERSONAL	% DE ACCIDENTES
PERSONAL DE ENFERMERÍA	45 %
PERSONAL SANITARIO	35 %
CELADORES	16 %
ADMINISTRATIVOS	4 %

7.5. Riesgos físicos

Los riesgos físicos se pueden clasificar en diferentes tipos, tal y como se puede ver a continuación.

Radiaciones ionizantes

Entre las radiaciones ionizantes, los rayos X y los productos radioactivos o isótopos, que se utilizan para medidas diagnósticas o terapéuticas, son los elementos que generan riesgo físico con más frecuencia.

Los ámbitos donde el riesgo físico por radiación es más elevado son los sectores donde se elaboran los radiodiagnósticos, las radioterapias, la medicina nuclear y los sectores de internación.

El personal que se ve más afectado por este tipo de riesgo físico es el que trabaja directamente con el uso de la radiología y la radioterapia. Además de este personal, también reciben una alta exposición a estos elementos físicos los empleados de laboratorio, de las clínicas dentales y de los servicios de microscopia electrónica y el personal de enfermería y de los quirófanos.

Existen directrices para el correcto manejo de las radiaciones ionizantes, creadas por organismos nacionales e internacionales.

El establecimiento en el que se trate con las ionizaciones debe estar estructurado y diseñado para que el trabajador esté protegido completamente de las radiaciones, aislando las fuentes de radiación y, a veces, también usando una vestimenta específica.

Importante

El personal encargado de la realización de procedimientos en los que se tenga que exponer a las radiaciones ionizantes debe estar en continuo control y revisión para garantizar un adecuado estado de salud.

Las fuentes de radiación han de señalizarse con claridad y transportarse con el máximo cuidado al desplazarlas o aplicarlas a un enfermo.

La recomendación más importante es el control.

Ruidos

En el ámbito sanitario, no suelen ser relevantes los problemas por ruido, aunque en determinados establecimientos, como las clínicas dentales, el ruido del instrumental puede llegar a ser molesto y perjudicial para quien lo frecuente.

Sabía que...

Las fresas a gran velocidad (de 200.000 a 400.000 rpm) desarrollan la máxima energía a las frecuencias en torno a 8.000 Hz. El nivel de ruido a la altura del oído del dentista puede alcanzar así 80 o 90 dB y puede ser perjudicial si se prolonga durante toda la jornada de trabajo, aunque esto es bastante improbable y no sugiere un elevado riesgo físico.

Temperatura

Tampoco es un factor que cree situaciones de elevado riesgo físico en un hospital, ya que en este existe un control exhaustivo de la temperatura.

En las salas de calderas, son más corrientes las temperaturas elevadas. Debería procurarse limitar las exposiciones a temperaturas tan altas en estos lugares y suministrar ropas de protección aislante.

Nota

En ocasiones, es necesaria la realización de exámenes médicos previos a la contratación y exámenes periódicos, si la carga térmica es muy elevada.

Riesgos eléctricos

En un hospital, existe un mayor riesgo físico debido a la exposición a la electricidad en los establecimientos con un mayor número de instalaciones eléctricas. Las zonas más afectadas por este riesgo son los quirófanos, las salas de terapias y los laboratorios.

Las principales causas de los accidentes eléctricos son:

- Instalaciones defectuosas.
- Protecciones inadecuadas.
- Tableros en mal estado.
- Equipamiento electromédico colocado sin la instalación correcta.
- Puesta a tierra defectuosa o faltante.
- Falta de mantenimiento preventivo.
- Sobrecarga de circuitos.

Riesgos ergonómicos

Principalmente, se puede encontrar la causa de los problemas ergonómicos en el uso de instrumentos médicos y materiales de control, en las estructuras de establecimiento y de las instalaciones sanitarias, y en el uso de técnicas manuales y aquellas en las que se tenga que emplear la fuerza y permanecer en posturas no ergonómicas.

Ejemplo

Las movilizaciones de los pacientes sin medios de ayuda, los sobreesfuerzos al realizar algunas técnicas, permanecer un largo tiempo de pie, encorvado o en una postura no anatómica.

El personal que sufre mayores problemas físicos y que está sometido a un mayor riesgo físico por problemas ergonómicos es el personal de enfermería, los auxiliares de enfermería y los celadores.

Sabía que...

Se han realizado algunos estudios epidemiológicos sobre las dorsalgias del personal de enfermería. En todos se ha llegado a la conclusión de que, en comparación con otros grupos de población dentro y fuera del sector sanitario, este personal padece una tasa relativamente elevada de dorsalgias, síntomas neurológicos y algias de esfuerzo, si bien debe aclararse que no es fácil establecer grupos de población comparables al personal de enfermería.

Riesgo de golpes y cortes por objetos

Este riesgo puede darse en el área sanitaria debido a una mala planificación estructural del edificio. Se suele dar por la existencia de espacios de muy pequeño tamaño, por escasez de luz en la zona y por pasillos reducidos.

En las ambulancias, existe una estancia muy reducida de tamaño y en la que se encuentra gran cantidad de instrumental, sillones, cajones, armarios, etcétera, de forma aglomerada. Además, también juega un papel importante la presencia de la movilización del vehículo, lo que hace que se zarandee y aumente la posibilidad de que el profesional o los usuarios se golpeen. Todo esto crea un riesgo elevado de golpes y la posibilidad de producción de daños físicos, como heridas, cortes, hematomas, etcétera.

En el ambiente sanitario, también existe un riesgo muy elevado de daños de la superficie de la piel por lesiones con objetos cortantes, como agujas, bisturís u otros objetos afilados.

Es necesario que exista una adecuada organización del espacio de un centro o establecimiento sanitario, una correcta higiene y limpieza y una correcta colocación del material en el lugar que le corresponda. De esta forma, se reducirá el riesgo que pueda existir por cortes, heridas y golpes con los diversos objetos y estructuras.

Nota

Esta situación se empeora cuando los objetos cortantes están sucios o contaminados, ya que se produce además un aumento de riesgo de infección en aquella persona que sea dañada.

7.6. Riesgos químicos

En el ambiente sanitario, es muy frecuente el uso de sustancias químicas, como anestésicos, sustancias esterilizantes, medicamentos y reactivos citostáticos o de laboratorio.

Muchos de los productos usados tienen alta reactividad química en el organismo humano. Los medicamentos, entre ellos los agentes citostáticos, pueden producir muchos efectos en el organismo.

Debido a esto, es esencial que se establezca y se lleve a cabo un plan de higiene química y se siga el manual de seguridad química, de la manera más adecuada posible, de tal forma que se reduzcan estas reacciones no deseadas a situaciones muy puntuales, disminuyéndose todo lo posible el riesgo químico.

Nota

La mayoría son los efectos deseados para el tratamiento de cierto estado de un paciente, pero, a veces, el organismo no reacciona de forma esperada ante ese agente y aparecen las reacciones adversas, los efectos secundarios o las reacciones alérgicas. También pueden actuar en el cuerpo como sustancias tóxicas o cancerígenas.

Hay implantado un plan de higiene química en el que están incluidos trabajos, normativas y desarrollo específico de los siguientes temas:

1. Responsabilidades
2. Inventario de sustancias químicas
3. Procedimientos operativos para el uso de sustancias químicas
4. Monitoreo ambiental
5. Exámenes médicos
6. Equipo de protección personal
7. Derrames peligrosos y manejo de accidentes
8. Educación y entrenamiento
9. Derecho a saber

También existe un manual de seguridad física, que contendrá todas las hojas de seguridad referidas a los riesgos químicos existentes de todos los productos posibles. En dichas hojas de seguridad, deben aparecer:

- Características físicas
- Características del etiquetado
- Formas de almacenamiento y transporte
- Recomendaciones del lugar de aplicación
- Cómo usar el producto
- Detalle de EPI (equipo de protección individual) para su uso
- Procedimiento en caso de derrames, emergencia, incendio
- Primeros auxilios, por ingestión, inhalación, contacto
- Forma de eliminación del producto
- Datos del fabricante

Los principales productos que es posible encontrar en un hospital, responsables del riesgo químico, son:

- Anestésicos
- Agentes esterilizantes: óxido de etileno y glutaraldehído
- Formol
- Agentes citotóxicos
- Solventes

- Medicamentos y preparados farmacéuticos
- Mercurio

7.7. Riesgos biológicos

Un riesgo biológico es aquel que origina peligro a un individuo por la presencia de un microorganismo que puede ocasionar daño (bacterias, virus, hongos, parásitos, etcétera). Estos organismos causantes del riesgo biológico se encuentran sobre todo en los líquidos orgánicos, como la sangre (el fluido corporal con mayor riesgo biológico), el suero, el plasma y todas aquellas sustancias biológicas que a simple vista puedan observarse como portadoras de sangre. También se consideran causantes del riesgo biológico los cultivos de virus o bacterias, así como los líquidos cefalorraquídeo, sinovial, pleural, peritoneal, pericárdico y amniótico.

Sabía que...

Otros fluidos corporales, como el semen y las secreciones vaginales y uterinas, se sabe que son contaminantes mediante las prácticas sexuales, pero no son de riesgo laboral. Tampoco se establecen dentro de los riesgos biológicos en el trabajo líquidos orgánicos como las secreciones nasales, los esputos, el sudor, las lágrimas, la orina, la saliva, las heces, los vómitos o la leche materna, por tener un riesgo muy bajo de contener agentes infecciosos, excepto si tuviesen sangre.

Como principales enfermedades que el personal sanitario puede contraer en su medio de trabajo, están la hepatitis A, la hepatitis B, la hepatitis C, el SIDA y la tuberculosis.

La prevalencia de las enfermedades infecciosas va a depender directamente de la efectividad de las medidas preventivas (vacunación y profilaxis posterior a la exposición).

7.8. Medidas de prevención y protección en los diferentes entornos de trabajo

Para asegurar la prevención y protección de los diferentes entornos de trabajo, existe una serie de normas y principios básicos a cumplir para que no se den situaciones violentas ni accidentes.

Los principios básicos de prevención son:

- Impedir que existan riesgos en el entorno laboral.
- Revisar aquellos riesgos que no puedan ser evitados.
- Encontrar el origen de los riesgos y actuar sobre él.
- Evitar crear un ambiente monótono en el trabajo, disminuyendo sus repercusiones negativas en la salud. Esto se puede conseguir adaptando los planes de trabajo a la persona.
- Actualizar los métodos laborales y crear un trabajo sin riesgos y adaptado al empleado.
- Formar al personal de la forma más completa y adecuada en este tema.

También están estipuladas una serie de técnicas sanitarias de prevención:

- Reconocimientos médicos previos, detectando el estado de salud de los empleados y pudiendo actuar de forma precoz en aquellos casos necesarios.
- Tratamientos preventivos: es una forma de prevenir problemas de salud a los trabajadores que puedan estar expuestos a un factor de riesgo (vacunas, dietas, suplementos vitamínicos, etcétera).
- Selección del personal: va a ayudar a colocar a cada trabajador en el puesto más idóneo según sus cualidades.
- Educación sanitaria: consiste en la formación por parte de los profesionales sanitarios para conseguir la asimilación de hábitos saludables en la comunidad.

Nota

La educación sanitaria se realiza mediante diversas técnicas: charlas colectivas e individuales, folletos, clases, etcétera.

Las técnicas no sanitarias de prevención son:

- Seguridad laboral: consiste en la consecución de un medio de trabajo seguro y adecuado para llevar a cabo el trabajo, evitando accidentes laborales. Para ello, se precisa detectar y controlar los riesgos posibles, evaluando los resultados para futuras intervenciones.
- Higiene en el trabajo: método para prevenir aquellas enfermedades que se puedan adquirir en el entorno de trabajo. Para que esta técnica se elabore de la forma más correcta, es necesario identificar, cuantificar, valorar y corregir los factores físicos, químicos y biológicos que rodean a los trabajadores y adaptarlos y compatibilizarlos con los empleados que se encuentren expuestos.
- Ergonomía: es una técnica que sirve para prevenir el cansancio y el malestar propio del ejercicio de la profesión. Para ello, se debe crear un medio adaptado al confort y seguridad del trabajador, con la adecuación de las instalaciones, del ambiente, de la organización, etcétera.
- Técnicas psicosociales: aquellas usadas para evitar afecciones en los ámbitos psicológico y social, como el estrés, la no satisfacción por el trabajo, el cansancio psicológico, etcétera. Con esta técnica, se pretende humanizar el trabajo y hacer que exista un ambiente más cercano entre los distintos trabajadores.

En cuanto a las medidas de protección, se clasifican según colectivas e individuales.

- Medidas de protección colectivas: su principal aportación es la eliminación de los riesgos en su origen o en su foco. Esto no se puede conseguir en todas las ocasiones, siendo a veces preciso adoptar métodos de protección colectiva, de forma que estén protegidos tanto el total de los trabajadores como aquellas personas no empleadas que puedan encontrarse en riesgo. Entre otras, son formas de protección colectiva las barreras, las mallas, las barandillas, etcétera.

- Medidas de protección individual: específicas y complementarias a las medidas de protección colectiva. Se deberán aplicar cuando las colectivas no sean suficientes para la protección individual de aquel empleado que lo necesite.

Ejemplo

Vestimenta protectora, medidas para evitar infecciones respiratorias, por contacto u otro tipo, sistemas de protección para evitar cortes o heridas, etc.

Es importante que quede claro que la prevención evita el riesgo, porque actúa sobre la causa, mientras que la protección no evita el riesgo, sino que intenta disminuir sus consecuencias, pues actúa sobre el trabajador.

7.9. Señalización relativa a seguridad e higiene

El principal objetivo que pretende la señalización para conseguir una correcta seguridad e higiene es captar de forma instantánea la atención del individuo en una situación o peligro concreto en el que se pueda ver afectado.

Existe normativa que alude a la señalización en el medio de trabajo: el Real Decreto 485/1997, de 14 de abril, por el que se establecen las disposiciones mínimas en materia de señalización de seguridad y salud en el trabajo. Sin embargo, la señalización tiene varias limitaciones, tales como:

- No es capaz de que desaparezca de forma completa el riesgo, ni de reducirlo.

- No puede usarse como método de sustitución de otras medidas de seguridad.
- Se limita a indicar una acción para no ser afectado o simplemente especifica a qué riesgo se está sometiendo.

Nota

Esta forma de señalizar hace que la persona que esté sometida a tal riesgo actúe de una forma que se ha determinado con anterioridad.

Una señal será eficaz cuando:

- Mediante ella se capte la atención de la población en riesgo de forma lo suficientemente anticipada e indicando de forma adecuada el riesgo al que se someten.
- Sea clara y de sencilla interpretación para todo el público.
- Exponga las actuaciones adecuadas a llevar a cabo para evitar el peligro.
- Se adecúe al medio en el que se trabaje.
- El tamaño sea correcto para que pueda ser visible.
- El material del que esté elaborada tenga una correcta resistencia.
- Es necesario que las señales sean colocadas a una altura y en una posición adecuadas.

Nota

También es necesario que se encuentren en un lugar bien iluminado (bien con un foco o con fosforescencia) y que facilite su visibilidad.

Existen varios tipos de señales:

- Señales ópticas: se basan en destacar colores y/o formas para llamar la atención de quien esté cerca de ellas.
- Olfativas: este tipo de señales se usan para conseguir que sean identificables determinadas sustancias peligrosas que por sí solas no tienen ni olor ni color. Para ello, se añade un característico olor mediante la adición de ciertas sustancias.
- Táctiles: mediante este tipo de señales se puede detectar por el tacto que algún objeto o alguna situación es peligrosa.
- Auditivas: consisten en la emisión de sonidos para alerta de una situación de peligro.

De todos los tipos de señales comentados, destacan por su mayor uso las señalizaciones ópticas. En este tipo de señales se incluye una gran diversidad de modelos para señalizar el peligro, como etiquetas, letreros, señales de seguridad, luces, etcétera.

Las señales de seguridad están compuestas de un tono de color, una forma geométrica y una imagen característica, mediante los cuales se expresa claramente y de forma sencilla la información adecuada con respecto a la seguridad.

Debe estar prohibida la utilización de forma incorrecta de señales de seguridad e higiene como medio para evitar que se produzcan accidentes y enfermedades laborales.

CONOZCA LA SEÑALIZACIÓN DE SEGURIDAD Y SALUD EN EL TRABAJO	
SEÑALES DE PROHIBIDO 	EVACUACIÓN Y SALVAMENTO 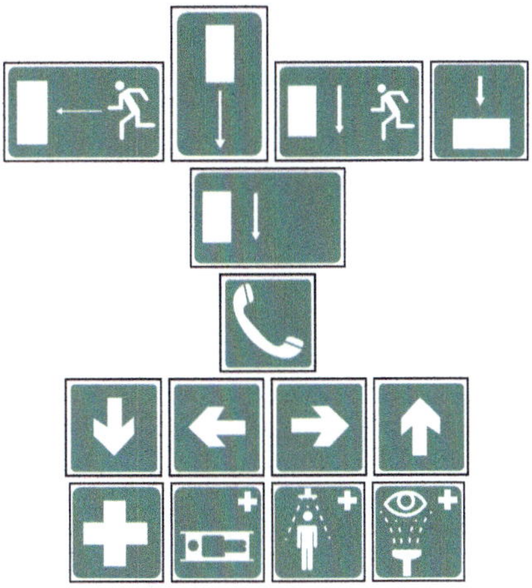
SEÑALES OBLIGATORIAS 	
SEÑALES DE PELIGRO 	INDICATIVOS EXTINCIÓN INCENDIOS 

Importante

No se puede reducir la efectividad de una señal de higiene y seguridad por la presencia de señales ajenas o de circunstancias que hagan difícil su visibilidad.

7.10. Equipos de protección y seguridad

Como ya se ha comentado con anterioridad, existen equipos de protección y seguridad colectivos (eliminan el riesgo) y equipos de protección y seguridad individual (eliminan las consecuencias). No obstante, se denominan equipos de protección y seguridad individual aquellos que se usan para proteger al trabajador de un riesgo concreto o de varios a la vez, mediante su colocación como prenda, complemento o accesorio o sosteniéndolo.

Existe normativa referida a los equipos de protección y seguridad: el Real Decreto 773/1997, de 30 de mayo, sobre disposiciones mínimas de seguridad y salud relativas a la utilización por los trabajadores de equipos de protección individual.

Recuerde

Se facilita un equipo de protección individual en el caso de que no se pueda evitar el riesgo con anterioridad, no se pueda limitar de forma suficiente por medidas de protección colectivas, medidas de organización del trabajo o por procedimientos del trabajo.

Un equipo debe poseer ciertos requisitos para que pueda estar en uso:

- Debe estar complementado con la información técnica que se especifica en el Real Decreto 542/2020, de 26 de mayo, por el que se regulan las condiciones para la comercialización y libre circulación intracomunitaria de los equipos de protección individual.
- Debe existir una declaración de conformidad a las reglas de aplicación.
- Debe estar sellado con el logotipo CE y un informe donde se explique cómo se usa.

El empresario tendrá ciertas obligaciones en el uso de equipos de protección individual:

- Prestar el equipo de seguridad adecuado a sus empleados para que puedan desempeñar de forma correcta su trabajo y asegurarse de su adecuada utilización, según el artículo 17 de la Ley de Prevención de Riesgos Laborales.

- Quedar registrado y documentado el material de protección usado, según el artículo 21 de la Ley de Prevención de Riesgos Laborales.
- Establecer en qué situaciones será necesario el uso de equipos de protección individual.
- Seleccionar el equipo más adecuado a cada necesidad.
- Ofertarlos de forma gratuita y reponerlos por otros equipos para un posterior uso.
- Asegurarse del mantenimiento según la situación del trabajo.

A su vez, el empleado también tiene una serie de obligaciones:

- Usar adecuadamente el equipo de protección individual proporcionado, según se le haya informado previamente.
- Depositarlo en su sitio adecuado cuando haya acabado su uso.
- Comentar cualquier fallo en el funcionamiento del equipo.

En un medio hospitalario, es estrictamente necesario un adecuado sistema que garantice la seguridad y protección de todo el personal y de los usuarios que pasen por sus instalaciones. Dentro de los distintos tipos de protección, cabe destacar la protección biológica, por su importancia tanto en la prevención de infecciones del personal como de los pacientes.

Importante

Los riesgos biológicos suelen ser los más frecuentes en el entorno sanitario y, en muchas ocasiones, suelen ser muy perjudiciales.

A continuación, se expondrán los distintos tipos de medidas usadas para reducir los riesgos biológicos:

- Medidas físicas: para aislar los agentes patógenos del personal que pueda manipularlos. Para ello, se usan:
  - El confinamiento, mediante cabinas de seguridad biológica.
  - Defensas ante el contacto de la piel y mucosas con los microorganismos, a través de guantes, protectores faciales, gafas, etcétera.
  - Protecciones que eviten la entrada de patógenos por vías aéreas, como las mascarillas con filtro.
  - Uso de métodos físicos para la desinfección y la esterilización, a través del calor, las radiaciones ultravioletas y las radiaciones ionizantes.
- Medidas químicas: hacen referencia al uso de desinfectantes y esterilizantes químicos.
- Medidas biológicas: forman parte de estas las vacunas.

8. Resumen

Los sanitarios tienen una gran responsabilidad legal. Aún así, todo esto va a depender del tipo de profesional dentro de la sanidad y las actividades y funciones que lleve a cabo.

En cuanto a las funciones del profesional, algunas de ellas son: asistencial, investigador, docente, prevención y promoción, gestión clínica, educación sanitaria e información. Pero la prioridad es la asistencia de la persona enferma. Todas estas actividades conducen a una responsabilidad y a una serie de requisitos que el profesional sanitario debe cumplir y aplicar.

La Ley General de Sanidad, junto con otros artículos de la Constitución y otras leyes, instaura una serie de organismos y trabajos muy complementarios y coordinados, de los cuales está compuesto el Sistema Nacional de Salud.

El Sistema Nacional de Salud establece la autonomía y la protección de datos del paciente como un eje fundamental del trabajo con personas, que pone en juego la profesionalidad de un agente de salud, al tener que llevar a la práctica el secreto profesional y respetar la intimidad del usuario, siendo este el principal conocedor de su propio problema de salud y teniendo capacidad y autonomía para decidir quien más debe saberlo.

En el campo de la sanidad, todo documento tiene relevancia legal, al reflejar el desarrollo de trabajo que se lleva a cabo con el paciente.

En todos estos aspectos legales del ejercicio profesional, es muy importante la prevención de riesgos laborales. Para esto, existen protocolos, pautas de actuación y sistemas de seguridad, entre otros.

Hay una serie de señales que marcan los pasos a seguir para una correcta seguridad e higiene, las cuales hay que saber interpretar.

En conclusión, la responsabilidad de los profesionales sanitarios es muy alta, al trabajar con la vida de personas. Con ello, la responsabilidad legal también es alta. Pero las malas actuaciones se evitan con el desarrollo de una buena praxis y la utilización de buenas medidas de seguridad e higiene.

Ejercicios de repaso y autoevaluación

1. De las siguientes afirmaciones, diga cuál es verdadera o falsa.

a. El técnico de trasporte sanitario desarrolla su ejercicio profesional en el ámbito de la asistencia sanitaria prehospitalaria, dentro de un sistema de emergencias médicas que puede pertenecer al Sistema Nacional de Salud o al sector sanitario privado. El objetivo, en ambos casos, es el mismo, así como sus funciones y responsabilidades.

- ☐ Verdadero
- ☐ Falso

b. En el ámbito sanitario, no es necesaria una formación continuada a lo largo de toda la vida profesional, ya que la sanidad no es una ciencia en continuo cambio.

- ☐ Verdadero
- ☐ Falso

c. *Lex artis ad hoc* es la conducta que el profesional sanitario nunca debe tener en su trabajo, según el estado de la ciencia.

- ☐ Verdadero
- ☐ Falso

d. La Ley General de Sanidad se basa en los artículos 43 y 49 de la Constitución Española, que reconocen el derecho de todos los ciudadanos a la protección de la salud y requieren de los poderes públicos la adopción de las medidas idóneas para llevarla a la práctica.

- ☐ Verdadero
- ☐ Falso

e. La Constitución Española de 1978, en su artículo 43, establece que los poderes públicos mantendrán un régimen público de Seguridad Social para todos los ciudadanos que garantice la asistencia y prestaciones sociales suficientes ante situaciones de necesidad.

- ☐ Verdadero
- ☐ Falso

2. Complete el siguiente texto.

Los pacientes tienen ___________ el derecho a conocer, con motivo de ___________ actuación en el ámbito de su salud, toda la ___________ disponible sobre la misma, salvando los supuestos exceptuados por la ___________. Además, toda persona tiene derecho a que se respete su voluntad de no ser ___________. La información, que, como regla general, se proporciona verbalmente dejando constancia en la ___________ ___________, comprende, como mínimo, la finalidad y la naturaleza de cada intervención, sus riesgos y sus ___________.

3. Los riesgos ergonómicos son:

a. Aquellos que afectan al trabajador por el uso de instrumentos médicos y materiales de control, por las estructuras de establecimiento y de las instalaciones sanitarias y por el uso de técnicas manuales y aquellas en las que se tenga que emplear la fuerza y permanecer en posturas no ergonómicas.
b. Aquellos que comprometen la salud del trabajador por la exposición a sustancias químicas. Por lo general, producen afectación de la piel y aumento de la prevalencia de tumores.
c. Aquellos relacionados con la economía del Estado.
d. Aquellos que no se pueden encuadrar dentro de ningún tipo de riesgo.

4. Relacione cada elemento de la columna izquierda con el correspondiente riesgo de la columna derecha.

Sangre Líquido cefalorraquídeo Bacterias Agentes citotóxicos Esterilizantes Anestésicos Cortes por objetos punzantes Sobreesfuerzos en la movilización Descarga eléctrica Rayos X	RIESGOS FÍSICOS RIESGOS QUÍMICOS RIESGOS BIOLÓGICOS

5. El ruido es un factor de riesgo importante si se trabaja en...

a. ... la cocina de un hospital.
b. ... una clínica dental.
c. ... la sala de espera de un centro de salud.
d. El ruido no es un factor de riesgo en el ámbito sanitario.

Bibliografía

Monografías

BARROETA Urquiza, J. y BOADA Bravo, N. (coord.): *Los servicios de emergencia y urgencias médicas extrahospitalarias en España.* Madrid: Mensor, 2011.

CEBRIÁN Picazo, F. y FERNÁNDEZ Requena, J. J.: *Riesgo biológico en trabajadores sanitarios.* Guía práctica para su prevención. Islas Baleares: Consejería de Trabajo y Formación, 2004.

COBO Rodríguez, F. [et al.]: *Manual de intervenciones enfermeras. Procedimiento de protocolos enfermeros.* Huelva: Área Hospitalaria Juan Ramón Jiménez, 2009.

DEL RÍO Martínez, P. [et al.]: *Primer interviniente en emergencias: marcando la diferencia.* Madrid: Díaz de Santos, 2007.

GALLEGO Riestra, S.: "Accidentes biológicos y responsabilidades legales". Alicante: Seminario sobre gestión de riesgos sanitarios de la Universidad Internacional Menéndez Pelayo, noviembre de 2003.

GONZÁLEZ, J.: Los ciudadanos y el Sistema Sanitario. *Revista de Salud Pública,* nº 103, septiembre de 2005.

MAZARRASA Alvear, L., GERMÁN Bes, C. y SÁNCHEZ Moreno, A.: *Salud Pública y enfermería comunitaria.* Madrid: McGraw-Hill Interamericana, 2006.

MAZZETTI Soler, P.: *Aprueban el reglamento de transporte asistido de pacientes por vía terrestre. El Peruano Diario Oficial.* Pág. 292.571, 6 de mayo de 2005.

- MOMPART, M. P.: *Administración de servicios de enfermería.* Madrid: Masson, 1999.
- PASCUAL Lizana, C.: *Guía técnica sobre señalización de seguridad y salud en el trabajo.* Madrid: Ministerio de Trabajo e Inmigración. Instituto Nacional de Higiene y Seguridad en el Trabajo, 2023.
- PIMENTEL González, J. P., y CORREAL Muñoz, C. A.: *Reflexiones sobre el concepto de salud comunitaria y consideraciones para su aplicación.* Salud Uninorte, 31(2), 2015.
- SAN MARTÍN, H.: *Salud Pública y medicina preventiva.* Barcelona: Masson, 1996.
- SÁNCHEZ de la Torre, J. M.: *El derecho sanitario en España.* Editorial Jurídica, 2016.
- SÁNCHEZ de la Rosa, M.: *El sistema jurídico comunitario europeo.* Madrid: Editorial Tecnos, 2012.
- VV. AA.: *Protocolos de actuación ante urgencias sanitarias en los centros educativos de Castilla y León.* Madrid: Consejería de Educación de la Junta de Castilla y León, 2004.
- VV. AA.: *Protocolo de atención y traslado de la urgencia en salud mental.* Badajoz: Junta de Extremadura, Servicio Extremeño de Salud, 2005.

Textos electrónicos, bases de datos y programas informáticos

- DI FLORIO, J.: Concienciación de la higiene y seguridad en el trabajo en hospitales, de: <www.fiso-web.org>.
- HANDLEY, A. J. et al.: *Recomendaciones sobre resucitación del Consejo Europeo de Resucitación de 2005,* de: <http://www.emergencyuniversity.com>.
- Ministerio de Trabajo y Economía Social, de: <https://www.mites.gob.es/>.
- MONGE Jodra, V.: *Situación actual de los accidentes biológicos en las instituciones sanitarias. V Congreso Nacional de Derecho Sanitario,* de: <http://aeds.org>.

NAJERA, R.: *Accidentes biológicos: Estado actual de la ciencia. V Congreso Nacional de Derecho Sanitario,* de: <http://aeds.org>.

Saludalia, de: <http://www.saludalia.com>.

Universidad de Granada. *Gabinete de prevención y calidad ambiental* de: <http://www.ugr.es>.